COMO ALFABETIZAR E LETRAR O DEFICIENTE INTELECTUAL

Proibida a reprodução total ou parcial em qualquer mídia
sem a autorização escrita da editora.
Os infratores estão sujeitos às penas da lei.

A Editora não é responsável pelo conteúdo deste livro.
A Autora conhece os fatos narrados, pelos quais é responsável,
assim como se responsabiliza pelos juízos emitidos.

Consulte nosso catálogo completo e últimos lançamentos em **www.editoracontexto.com.br**.

COMO ALFABETIZAR E LETRAR O DEFICIENTE INTELECTUAL

ROSÂNGELA ALCÂNTARA

Copyright © 2025 da Autora

Todos os direitos desta edição reservados à
Editora Contexto (Editora Pinsky Ltda.)

Foto de capa
Foto modificada do arquivo pessoal da autora

Montagem de capa e diagramação
Gustavo S. Vilas Boas

Preparação de textos
Lilian Aquino

Revisão
Bruno Gomes Rodrigues

Dados Internacionais de Catalogação na Publicação (CIP)

Alcântara, Rosângela
Como alfabetizar e letrar o deficiente intelectual /
Rosângela Alcântara. – São Paulo : Contexto, 2025.
128 p.

Bibliografia
ISBN 978-65-5541-613-8

1. Educação especial 2. Pessoas com deficiência intelectual –
Educação 3. Alfabetização I. Título

25-1452 CDD 371.92

Angélica Ilacqua – Bibliotecária – CRB-8/7057

Índice para catálogo sistemático:
1. Educação especial

2025

EDITORA CONTEXTO
Diretor editorial: *Jaime Pinsky*

Rua Dr. José Elias, 520 – Alto da Lapa
05083-030 – São Paulo – SP
PABX: (11) 3832 5838
contato@editoracontexto.com.br
www.editoracontexto.com.br

*"A teoria sem a prática vira 'verbalismo',
assim como a prática sem teoria vira ativismo.
No entanto, quando se une a prática com
a teoria tem-se a práxis, a ação criadora
e modificadora da realidade."*

Paulo Freire

Agradeço a todos os educadores engajados
na efetivação de uma educação inclusiva.

Sumário

INTRODUÇÃO 9

DEFICIÊNCIA INTELECTUAL 13

Caracterização de Deficiência Intelectual 13

As contribuições de Vygotsky para a educação inclusiva 17

DI NA ESCOLA 25

Escola inclusiva: perspectivas e limitações 25

Currículo e inclusão 30

Formação de professores e educação inclusiva 32

Como avaliar a aprendizagem
do aluno com deficiência intelectual 35

LETRAMENTO E DI 39

Letramento, o que é? 39

Novos letramentos e multiletramentos 41

Caminhos para alfabetizar e letrar
o aluno deficiente intelectual 44

PARA COLOCAR EM PRÁTICA 1:
PARLENDAS, CONTOS E FÁBULAS 53

Parlenda "Corre, cutia" 53

Parlenda "Um, dois, feijão com arroz" 71

Contação de história: "Chapeuzinho Amarelo" 79

Trabalhando com fábulas 86

PARA COLOCAR EM PRÁTICA 2:
JOGOS E ATIVIDADES 91

Jogos no computador 91

Jogos e atividades pedagógicas em lousa digital 93

Jogos e brincadeiras em sala de aula 100

PARA COLOCAR EM PRÁTICA 3:
LEITURA E ESCRITA 107

Produção de texto utilizando a lousa digital 107

Hora da leitura 109

Registro de atividades
pelo aluno com deficiência intelectual 112

Considerações finais 117

Minha trajetória 119

Referências 121

Introdução

Como professora alfabetizadora, que trabalha em escola pública há mais de 20 anos, percebo que é de suma importância conhecer e utilizar os novos letramentos para melhorar as práticas de ensino e alfabetização de alunos dos anos iniciais do ensino fundamental, principalmente de alunos com deficiência intelectual (DI).

A DI é uma condição que acomete o desenvolvimento cognitivo de uma pessoa de forma considerável, afetando seu comportamento adaptativo e funcionamento intelectual. Geralmente, é identificada na infância, podendo variar do grau leve e moderado até o severo – tal condição será detalhada no primeiro capítulo.

Nesse contexto, o letramento não é mero complemento, mas sim algo primordial na atuação dos professores em salas de alfabetização. Em seu livro *Alfaletrar,* Magda Soares (2022) diz que a aprendizagem do sistema alfabético de escrita (e seus usos para a leitura e produção de textos) deve ser simultânea para que seja possível "alfaletrar" todos os alunos. Para que isso de fato ocorra, é preciso entender as concepções de escola inclusiva e suas barreiras, além de refletir sobre o que é ser letrado. É importante conhecer todos os recursos necessários conforme a realidade de cada comunidade e de cada aluno com DI, considerando aspectos psicológicos, sociais, cognitivos e culturais. Assim, será possível alcançar uma melhoria do trabalho do professor através de uma visão crítica e reflexiva sobre a aprendizagem.

Depois de mais de 100 anos do modelo republicano de escola, é observável o fracasso escolar na alfabetização. Esse é um problema estratégico que necessita de soluções urgentes e que tem mobilizado administradores públicos, legisladores do ensino, intelectuais, educadores e professores. Muitos pesquisadores atribuem tal fracasso aos modelos tradicionais de alfabetização.

A alfabetização tradicional, focada em um sistema de notação nada natural, é regida por convenções e regras que não são mais suficientes. Atualmente, as variedades linguísticas têm se tornado cada vez mais relevantes para as formas de interação em diversos contextos sociais. Por esse motivo, a alfabetização tradicional, focada primordialmente nas regras formais e no princípio literário de um único padrão de uma língua, não é mais adequada, além de não ser em nada atrativa aos alunos. Se isso é fato para todas as crianças, é verdade ainda mais evidente para alunos com DI.

As condições sociolinguísticas do dia a dia requerem que preparemos os alunos para estarem aptos a transitar pelos vários ambientes sociais com convenções da comunicação diferentes.

Recorro à Magda Soares para explicar os conceitos básicos deste livro: alfabetização e letramento. Eles "são processos cognitivos e linguísticos distintos, portanto, a aprendizagem e o ensino de um e de outro é de natureza essencialmente diferente; entretanto, as ciências em que se baseiam esses processos e a pedagogia por elas sugeridas evidenciam que são processos simultâneos e interdependentes. A alfabetização – a aquisição da tecnologia da escrita – não precede nem é pré-requisito para o letramento, ao contrário, a criança aprende a ler e escrever envolvendo-se em atividades de letramento, isto é, de leitura e produção de textos reais, de práticas sociais de leitura e de escrita" (Soares, 2022).

Além disso, os processos de ler e escrever implicam habilidades linguísticas, cognitivas e psicológicas que se complementam, ainda que distintas e peculiares. Por leitura, entende-se a habilidade de decodificar palavras escritas e de compreender aquilo que lê; já as habilidades de escrita abrangem desde registrar sons até transmitir significados ao leitor (Soares, 2002).

Há, ainda, a questão da multimodalidade, ou seja, a comunicação não se dá apenas pela escrita, a palavra não é a única forma de expressão do indivíduo. Há diferentes meios de comunicação, tais como oral, visual, auditiva, táctil, gestual e espacial, com suas próprias regras e padrões de significado, e esses meios se relacionam com a escrita. Por isso, é tão necessário, nos ambientes de aprendizado de hoje, suplementar a tradição da leitura e escrita com representações multimodais; particularmente, com os novos meios digitais, como computadores, tablets, celular etc.

É sobre essa perspectiva de alfabetizar e letrar simultaneamente os alunos nos primeiros anos escolares, e, principalmente, o aluno com deficiência intelectual, que trata este livro. O professor alfabetizador encontrará aqui práticas que podem ser personalizadas para o aluno com DI, de acordo com seu ritmo de aprendizagem, por meio de estratégias e recursos para uma educação efetivamente inclusiva, colaborativa, prazerosa e criativa. Através de um ambiente alfabetizador, com a utilização de todos os recursos disponíveis, inclusive os tecnológicos, o aluno com DI poderá ser alfabetizado/letrado, participando ativamente das situações sociais de leitura e escrita em sala de aula.

A mediação do professor, as atividades personalizadas para o aluno com DI e a interação deste com seus pares em um ambiente colaborativo são fatores que influenciam consideravelmente a evolução das suas habilidades de leitura e escrita. É nesta perspectiva não excludente, de participação efetiva em todas as atividades em sala de aula, que as práticas aqui descritas podem fazer a diferença para a alfabetização e o letramento do aluno com DI. Com caminhos flexíveis e práticas que podem ser adaptadas e incrementadas, de acordo com o cotidiano do professor e do aluno com deficiência intelectual.

DEFICIÊNCIA INTELECTUAL

Neste capítulo apresentarei as características da pessoa com deficiência intelectual (DI), procurando esclarecer aspectos importantes relacionados às possibilidades de aprendizagem, além de refletir sobre as mudanças de concepções de deficiência de acordo com Vygotsky e como essa nova visão favorece uma educação inclusiva.

CARACTERIZAÇÃO DE DEFICIÊNCIA INTELECTUAL

De acordo com a American Association on Intellectual and Developmental Disabilities (AAIDD, 2021), o termo *deficiência intelectual* é utilizado para descrever uma condição caracterizada por limitações significativas no funcionamento intelectual e no comportamento adaptativo originadas antes dos 22 anos.

Tais limitações no funcionamento intelectual podem ser identificadas por meio de avaliação médica e testes de inteligência padronizados, feitos em crianças a partir de 5 anos. As dificuldades no comportamento adaptativo se referem a características que limitam as práticas de uma ou mais atividades diárias e comprometem a comunicação e o aspecto social em diferentes espaços cotidianos, como a casa, a escola e o trabalho.

Essas limitações adaptativas dizem respeito a:

- **Comunicação**: dificuldade de expressar ideias, compreender o que os outros falam ou utilizar a linguagem de forma adequada para as situações do dia a dia.
- **Habilidades sociais**: dificuldade nas relações interpessoais, de seguir regras, obedecer às leis, manter relacionamentos; problemas com responsabilidade, autoestima e credibilidade.
- **Autocuidado**: necessidade de ajuda para comer, usar o banheiro (uso da toalete e tomar banho), vestir-se, locomover-se, preparar refeições, cuidar da casa, tomar remédios.
- **Trabalho e educação**: dificuldades no ambiente escolar ou de trabalho, como seguir instruções, lidar com tarefas complexas e se adaptar ao ambiente.

Na área das ciências médicas, existem classificações para diferentes condições, como as encontradas no CID-10 (Código Internacional de Doenças). Nesse documento, DI refere-se ao retardo mental e utiliza a pontuação do quociente de inteligência (QI) como o aspecto mais importante para defini-la. De acordo com esse sistema, a deficiência intelectual é classificada da seguinte maneira:

- Retardo mental leve (F70);
- Retardo mental moderado (F71);
- Retardo mental grave (F72);
- Retardo mental profundo (F73).

Embora haja muitas críticas ao sistema de normatização e avaliação da inteligência, a classificação do retardo mental que a Organização Mundial de Saúde (OMS) propõe é: leve, moderado, grave e profundo.

No Manual Diagnóstico e Estatístico de Transtornos Mentais, que se encontra na quinta revisão (DSM-5), o termo *retardo mental* foi substituído por deficiência intelectual, sendo que o critério de QI não é a característica mais relevante no diagnóstico, o qual se baseia no nível das funções adaptativas, definindo os graus de severidade como leve, moderada, grave e profunda.

A seguir, apresento os fatores que podem causar a deficiência intelectual:

- **Ambientais (pré, peri e pós-natais)**: referem-se a um fator extrínseco que interfere no desenvolvimento do sistema nervoso central.
- **Pré-natais**: infecções congênitas; toxoplasmose, rubéola, citomegalovírus, sífilis, desnutrição intrauterina, malformações cerebrais, exposição da mãe à radiação, intoxicação pelo uso abusivo de álcool na gravidez (síndrome alcoólica fetal), uso de drogas durante a gravidez, como a cocaína, doenças como diabetes mellitus e alterações na tireoide.
- **Perinatais**: anoxia perinatal, traumas de parto, encefalopatia hipóxico-isquêmica, hipoglicemia, prematuridade, baixo peso ao nascer e infecções ao nascimento, hemorragias.
- **Pós-natais**: infecções do sistema nervoso central, como meningoencefalites e encefalites, traumatismos cranioencefálicos, desmielinização (causas primárias ou secundárias), desnutrição proteico-calórica, radiações, intoxicação por mercúrio e cobre; síndromes epilépticas graves, como a síndrome de West, baixo nível socioeconômico.

- **Genéticos**: alterações nos genes ou cromossomos que afetam o desenvolvimento do cérebro e podem gerar dificuldades cognitivas e intelectuais. Tais alterações podem ser herdadas dos pais ou ocorrer espontaneamente, durante a formação do feto.

De acordo com a Declaração de Guatemala (1999), a deficiência intelectual é "uma restrição física, mental ou sensorial, de natureza permanente ou transitória, que limita a capacidade de exercer uma ou mais atividades essenciais da vida diária, causada ou agravada pelo ambiente econômico e social". Reconhecendo, dessa forma, a deficiência como uma situação do indivíduo.

Em alguns casos de deficiência intelectual, podem acontecer restrições significativas em relação ao funcionamento intelectual, às habilidades sociais e às práticas do cotidiano. Porém, essas limitações não reduzem ou anulam os direitos das pessoas com DI, nem as possibilidades de aprender com o outro, na medida que a deficiência não deve ser percebida como uma identidade do sujeito, mas sim como uma característica que este possui (AAIDD, 2021).

Com o avanço das pesquisas a partir da segunda metade do século XX, as antigas definições de inteligência e os testes de QI passaram a ser questionados. Os novos estudos rejeitaram a ideia determinista de hereditariedade e de inatismo (quando se acredita em conhecimentos inatos, não adquiridos) em relação ao entendimento da inteligência, abrindo espaço para uma renovada compreensão da deficiência intelectual.

Vygotsky é um dos muitos estudiosos que contribuíram significativamente para a modificação das ideias sobre a deficiência intelectual. A seguir, apresento tais concepções.

AS CONTRIBUIÇÕES DE VYGOTSKY
PARA A EDUCAÇÃO INCLUSIVA

Devemos refletir sobre o papel do professor e da escola na efetivação de uma educação inclusiva, para todos, sem preconceitos e de qualidade.

Muito ainda temos que fazer para que uma educação de fato inclusiva se estabeleça, mas através da obra de Vygotsky é possível compreender e valorizar a participação da escola e do professor no processo de aprendizagem e desenvolvimento da criança com deficiência. A abordagem do filósofo nos proporciona um olhar revolucionário para os entendimentos sobre o desenvolvimento infantil e a educação, deslocando as referências da deficiência do campo biológico e médico para o cultural e ambiental. Vygotsky, ao analisar a aprendizagem, aponta a necessidade de considerar o ser humano em sua totalidade, para além dos diagnósticos, e destaca a importância de garantir que a pessoa com deficiência tenha um espaço efetivo na vida social.

A noção de desenvolvimento humano, de acordo com Vygotsky (2001), está relacionada particularmente com aspectos biológicos e culturais, já que ambos se influenciam mutuamente. E, em particular, o processo de desenvolvimento cognitivo da criança está intrinsecamente relacionado ao contexto social em que ele ocorre, sendo impulsionado pela aprendizagem, que acontece por meio da interação com outras pessoas (professores, colegas, familiares). Essas interações ajudam a criança a internalizar conhecimentos e desenvolver funções psicológicas superiores, como pensamento abstrato e planejamento.

As ideias do autor muito contribuem para os campos de saberes e práticas da Psicologia e da Pedagogia e, consequentemente, para a aprendizagem das crianças com deficiência intelectual, pois ele considera o ambiente escolar um local que favorece a construção da aprendizagem e o desenvolvimento do indivíduo, assim como destaca o papel do outro como mediador nesse processo. Tal fato prioriza a heterogeneidade, enriquecendo as experiências de aprendizagem através das diferenças.

São dois níveis de desenvolvimento da criança, segundo Vygotsky. O primeiro nível é chamado de desenvolvimento real da criança e se relaciona com as funções psíquicas que ela alcança, como resultado de finalização de etapas já desenvolvidas. O segundo nível é o desenvolvimento potencial, ou seja, onde a criança pode avançar. Com direcionamento de adultos, ela adquire a capacidade de se desenvolver até poder agir de forma autônoma. A diferença entre o nível de resolução de problemas com o auxílio de adultos e o nível de solução de problemas com autonomia é o que define a zona de desenvolvimento iminente (ou proximal) da criança.

A zona de desenvolvimento iminente é o caminho que o indivíduo percorre para desenvolver funções que estão em processo de amadurecimento e que se tornarão funções consolidadas em seu nível de desenvolvimento real; é um controle psicológico que se transforma regularmente, ou seja, hoje a criança faz uma atividade com a ajuda de alguém, amanhã conseguirá fazer sozinha.

> A mediação é muito importante e contribui significativamente para o processo de aprendizagem. Com a intervenção constante na zona de desenvolvimento iminente das crianças, os adultos e as crianças com mais experiência ajudam no progresso dos indivíduos que ainda estão em fase de amadurecimento.

No contexto educacional, essa concepção tem implicações imediatas, uma vez que o aprendizado impulsiona o desenvolvimento, e a escola tem um papel fundamental na formação psicológica dos indivíduos que vivem em sociedades instruídas.

Para desenvolver adequadamente esse papel, a escola, conhecendo o nível de desenvolvimento dos alunos, necessita focalizar o ensino não em processos intelectuais já atingidos, e sim em etapas de desenvolvimento ainda não internalizadas pelos alunos, funcionando de fato como um motor de novas realizações psicológicas.

É na troca de experiências, diálogos, pontos e contrapontos, consensos e contradições, originados da heterogeneidade presente no ambiente, que os conhecimentos são construídos, desconstruídos, em um processo ativo que move os saberes humanos (Vygotsky, 1983).

Através de trabalhos em dupla ou grupos, o aluno com DI é incluído em todas as atividades de sala, realizando trocas com seus pares e aprendendo coletivamente. Mesmo que o aluno seja "não verbal", não se expresse através da fala, é de suma importância que o professor, com um olhar atento, vá aos poucos inserindo-o nessas atividades. Nas primeiras tentativas, o aluno não verbal pode não aceitar, ficar nervoso, mas, com a rotina da sala sendo desenvolvida e o professor conhecendo as preferências e habilidades do aluno, será possível, gradualmente, contar com sua participação. As ideias de Vygotsky contribuem muito para esse olhar mais atento ao ambiente escolar inclusivo, visto que no trabalho coletivo há a colaboração entre os pares, o que torna possível a aprendizagem e o desenvolvimento da criança, principalmente daquela com deficiência intelectual.

Podemos ver na imagem a seguir um aluno ensinando o colega com DI a jogar (jogo do sistema monetário – criado pela dupla). Os jogos são atividades simples, de criação e experimentação coletiva, que o professor pode e deve realizar em sala de aula para oportunizar, através do lúdico, o prazer de aprender.

Figura 1 – Jogos em sala de aula

Fonte: Arquivo pessoal

É possível perceber que o desenvolvimento da criança com deficiência, mesmo com ritmos e formas de aprendizagem específicas, assemelha-se ao das demais, pois é na troca, na parceria, na relação com o outro, nos jogos de tabuleiros, com regras, nos trabalhos em grupo e/ou duplas, nas brincadeiras, enfim, nas atividades do cotidiano escolar que o conhecimento se realiza.

Abaixo, na imagem à esquerda, temos alunos realizando jogo de tabuleiro; à direta, os alunos jogam amarelinha africana em apresentação aos pais no dia da família.

Figuras 2 e 3 – Jogos de tabuleiro e de movimento

Fonte: Arquivo pessoal

A ausência de interação social na infância cria barreiras para o desenvolvimento integral da criança, comprometendo assim suas funções psíquicas superiores, uma vez que tais funções dependem das relações de troca em um contexto sociocultural para a sua maturação.

O aluno não verbal, geralmente, possui habilidades motoras muito boas, como também memória auditiva. Por isso, atividades coletivas de ouvir histórias, cantar, dançar, jogos com parlendas e jogos de alfabetização digitais funcionam muito bem, e o professor deve utilizar esses recursos para alfabetizar e letrar seus alunos de modo inclusivo.

Se o aluno ainda não escreve, pode recortar e colar, desenhar, expressar-se nas dramatizações, através de gestos e expressões faciais. É um processo mais lento, que muitas vezes será frustrante para o professor, mas, com o convívio em sala de aula, o aluno irá se desenvolver de acordo com seu ritmo próprio. Talvez seja necessário continuar o processo de alfabetização e letramento nos anos seguintes, porém é possível, sim, desenvolver as habilidades de aprendizagem desse aluno.

É nas relações sociais, nos espaços de coletividade, que são criadas as condições necessárias para o desenvolvimento das funções mentais superiores das crianças. Nesse sentido, o aluno com deficiência deve ser inserido em um ambiente socioeducacional inclusivo, pois é aí que se desenvolve, é aí que se dá sua aprendizagem.

O processo educativo, embora extrínseco ao indivíduo, oferece ferramentas que o aluno utilizará tanto na realidade objetiva quanto na subjetiva, sendo que, através da cultura, o ser humano tem a capacidade de construir instrumentos que lhe darão caminhos para transformar a natureza e garantir sua existência (Vygotsky, 1987).

No desenvolvimento humano, é preciso considerar a pessoa de forma integral, sem dividi-la em aspectos orgânicos, psicológicos, sociais e culturais. É primordial entendermos o ser humano globalmente. Em vista disso, torna-se inviável dicotomizar o desenvolvimento do aluno com deficiência; se a aprendizagem possibilita o desenvolvimento, querer fomentar o desenvolvimento de pessoas com deficiência intelectual sem investir em sua aprendizagem é ineficaz.

Os estudos de Vygotsky deixam claro que é possível que a pessoa com deficiência intelectual seja ativa, assim como os demais alunos, na medida que sua compreensão e participação nas atividades em sala de aula sejam mediadas e estimuladas pelo professor.

O cérebro humano é adaptativo e, quando necessário, promove uma mudança de percurso neuronal, isto é, na ausência de uma função, outras surgem por meio da reordenação neurológica. Então, diante das dificuldades enfrentados no processo de desenvolvimento e de adaptação ao meio, a pessoa com deficiência elabora novas cadeias de funções, as quais podem complementar, equiparar ou compensar aquela que está em carência. Nesse sentido, podemos pensar em rotas alternativas de aprendizagem, relacionando-as também à ideia de inteligências que não podem ser mensuradas, pois se manifestam de modo prático (Gardner, 1995). Tais rotas alternativas possibilitam que conteúdos sejam realizados e vivenciados de modo multifocal. E, através das interações das inteligências, são criadas estratégias de ensino que utilizam recursos de cada uma delas. Assim, as rotas alternativas tornam-se importantes estratégias pedagógicas que articulam, combinam e ativam as inteligências múltiplas (Tarso e Morais, 2011).

No caso da criança com deficiência intelectual, para atender às demandas e exigências escolares/sociais que ela vivencia, é preciso que ela desenvolva uma habilidade cognitiva e/ou neurológica reestruturadora maior que outras crianças. Quanto mais complexos forem esses processos, maior será a ação de energias compensatórias para organizar, de modo próprio e criativo, seu funcionamento psicológico e consolidar novos estágios de desenvolvimento.

Por meio de uma busca incessante pela compreensão dos variados aspectos cognitivos, psicológicos, sociais e culturais do homem, novas ideias foram surgindo, ampliando as contribuições relacionadas à deficiência, respeitando as diferenças, a singularidade humana – o que é essencial para qualquer pessoa.

DI
NA ESCOLA

Neste capítulo iremos refletir sobre alguns conceitos de escola inclusiva e quais mudanças nos paradigmas são necessárias para que esse ideal seja possível.

ESCOLA INCLUSIVA: PERSPECTIVAS E LIMITAÇÕES

A educação é uma das grandes ferramentas para a equiparação de oportunidades, já nos ensinou Paulo Freire (1999), e é por meio dela que o homem se liberta, através da consciência de si e do mundo que o cerca, o que constitui o ponto inicial para suas conquistas.

Porém, para a real inclusão de uma pessoa com deficiência nas diferentes esferas da sociedade, e particularmente na escola, faz-se necessária uma mudança nas relações e nos padrões sociais, para que as diferenças sejam respeitadas e também valorizadas, de acordo com as singularidades do indivíduo. Além disso, deve-se respeitar sua participação ativa por ser uma obrigação legal.

Ainda persistem limitações em nossos sistemas de ensino em relação ao processo de escolarização dos alunos com deficiência, mesmo que existam os marcos legais da educação especial inclusiva no Brasil, como a Política Nacional da Educação Especial na Perspectiva da Educação Inclusiva (2008) e a Lei Brasileira de Inclusão das Pessoas com Deficiência (2015).

No que diz respeito aos alunos com deficiência intelectual, a situação é ainda mais crítica, uma vez que no ambiente escolar o professor está pouco preparado para compreender e perceber os processos que atravessam a aprendizagem e a singularidade desse aluno – como ele aprende, quais são suas dificuldades e habilidades em relação à aquisição da leitura e escrita.

Também, o professor não deve ficar somente preso a um laudo ou experiências anteriores, vividas com outros alunos, fator que não contribui para atuação satisfatória relacionada às efetivas necessidades do aluno presente em sua sala de aula no momento.

A história da educação brasileira foi marcada por um processo de segregação, com privilégios direcionados à elite dirigente e exclusão dos grupos historicamente marginalizados.

Isso também acontece com os alunos com deficiência, gerando desafios à escola em seu objetivo de ensinar. Então, como criar caminhos para que o aluno com DI aprenda os conteúdos curriculares e construa o seu próprio conhecimento, sendo que esse aluno tem um modo singular de lidar com o conhecimento, não correspondendo ao que a escola ainda promove devido ao conservadorismo? Primeiramente, devemos reconhecer a especificidade de cada aluno e não a sua deficiência.

Na sociedade atual, a padronização do ser humano é uma busca constante, partindo do tipo físico e indo até os atributos psicológicas, gostos, gestos, preferências, desejos etc. É nesse cenário que a escola está inserida. A instituição escolar não é um terreno neutro, pois reproduz e reafirma a lógica do sistema, tentando padronizar o aluno e atender às demandas das forças produtivas, bem como conservar a estrutura de poder estabelecido.

Logo, os alunos com deficiência intelectual ou que apresentam outras tantas diferenças encontram-se em uma relação de conflito pois não se encaixam nessa padronização e são vistos como estranhos dentro de um sistema que quer uniformização.

A escolarização de pessoas com deficiência intelectual no Brasil foi e continua sendo definida por impasses, que vão desde a omissão do Estado na oferta da educação pública, passando por épocas de políticas segregacionistas, até chegar a atuais políticas de inclusão, conduzidas por órgãos relacionados à redução da pobreza e defesa dos direitos humanos.

O Brasil não tem cumprido as metas em relação às pessoas com deficiência intelectual. Mesmo seguindo as diretrizes internacionais, uma grande parte dessas pessoas continuam marginalizadas em instituições filantrópicas ou sem acesso a qualquer espaço educativo.

Também é preciso ressaltar a omissão histórica do poder público em nosso país no sentido de assegurar os direitos educacionais das pessoas com graves comprometimentos intelectuais ou com múltiplas deficiências. As instituições filantrópicas na iniciativa privada ou escolas especiais públicas acabam sendo a única opção para essas pessoas.

Esse problema fica evidente nos casos em que os alunos chegam tardiamente à escola ou estão fora da faixa etária para frequentar a educação básica e, assim, se alfabetizarem.

Apesar dos avanços significativos nas atuais políticas de inclusão, as leis são centradas em "mínimos sociais". Os alunos com DI chegam às escolas e frequentam turmas regulares com o suporte do atendimento educacional especializado (AEE), porém, muitas vezes, esse suporte não é suficiente para atender a todas as demandas desses alunos, que necessitam de diversas terapias e acompanhamento médico regular.

Precisamos levar em conta também as forças que dominam o campo da economia e da educação, como a formação intelectual e as escolhas dos gestores públicos, os quais constantemente assumem cargos por indicação e interesses políticos, não por competência naquela área.

A escola inclusiva ainda enfrenta muitas barreiras, como:

- Assegurar o direito à aprendizagem dos alunos com deficiência; melhores condições de trabalho e plano de carreira para os docentes.
- A infraestrutura precisa ser melhorada no que se refere à aquisição de materiais e recursos adequados para atender às especificidades de desenvolvimento desses alunos.
- Insuficiência de transporte escolar adaptado para que os alunos frequentem a escola.
- Melhor e maior acessibilidade física e arquitetônica das escolas.
- Práticas curriculares mais flexíveis para a escolarização dos alunos com deficiência e outras condições atípicas do desenvolvimento.
- Parceria maior entre escola e familiares dos alunos com deficiência.
- Atenção maior ao ensino público em geral, pois os problemas mencionados anteriormente são comuns a todo sistema educacional brasileiro.
- Abertura de um diálogo maior entre o sistema de ensino e outros setores governamentais.

É na escola que os processos colaborativos acontecem, pois através de práticas educativas as relações de trocas são construídas, permitindo a elaboração de um modelo social equânime.

É comum na escola culpar o aluno pelo fracasso escolar, focando apenas nos aspectos cognitivos, sem considerar o contexto social em que ele está inserido e as práticas que o professor pode criar para melhorar a aprendizagem. Nesse sentido, no que tange aos aspectos funcionais do desenvolvimento cognitivo de crianças com deficiência mental, pode-se afirmar que "o desenvolvimento de estratégias de resolução de problemas depende algumas vezes das características cognitivas do sujeito e outras vezes dos suportes sociais e contextuais que lhes são oferecidos" (Figueiredo e Poulin, 2008).

A escola deve ser um espaço de diálogo

A escola deve ser um ambiente de diálogo que interaja com os setores da sociedade, com o objetivo de propiciar a inclusão dos alunos com deficiência nos diferentes espaços sociais.

Porém, apesar da democratização escolar para novos grupos sociais, a exclusão persiste devido à resistência a aderir a saberes e práticas pedagógicas que atendam às diversidades culturais, sociais e cognitivas dos alunos. A estrutura curricular e as práticas pedagógicas continuam focadas em um modelo tradicional e não aceitam, ou não se adequam, a diferentes formas de aprendizado ou saberes alternativos. São excluídos os que não conseguem frequentar a escola, aqueles que, mesmo matriculados, ficam de lado, sem o direito de exercer sua cidadania, de se apropriar e construir sua aprendizagem (Carvalho, 2005).

CURRÍCULO E INCLUSÃO

Para promover a inclusão na escola, é essencial revisar o currículo. Muitos desafios persistem, pois algumas escolas resistem a mudar, usando o currículo como argumento para manter a situação atual, criando barreiras à inclusão.

O currículo escolar é entendido como a organização das experiências de aprendizagem para promover o desenvolvimento do aluno. No Brasil, o currículo é guiado pela Base Nacional Comum Curricular (BNCC), que estabelece diretrizes enfatizando o desenvolvimento de competências e habilidades do aluno nas escolas.

É fundamental a elaboração de um currículo na escola, pois ele deve orientar os conteúdos a serem ensinados e aprendidos; os planos pedagógicos elaborados por professores, escolas e sistemas educacionais; os objetivos a serem alcançados por meio do processo de ensino e os seus processos de avaliação, que terminam por influir nos conteúdos e nos procedimentos designados nos diferentes graus da escolarização. Portanto, o currículo vai além dos livros e das aulas; inclui valores, práticas pedagógicas, as relações de poder, os saberes que são valorizados em uma sociedade.

A estrutura curricular é dividida em currículo formal, que engloba as disciplinas e conteúdos oficiais, e currículo extracurricular, que abrange atividades como esportes, artes e projetos sociais, contribuindo para a formação integral dos estudantes.

É importante esclarecer que o termo "currículo" também se refere aos resultados alcançados na escola que não estão expressamente mencionados nos planejamentos e nas propostas educacionais, e por isso nem sempre são percebidos pela comunidade escolar. Trata-se do "currículo oculto", que abrange atitudes e valores transmitidos de forma subliminar nas relações sociais e no dia a dia da escola.

O professor precisa estar atento ao e compreender o currículo oculto, que dispõe sobre hábitos e práticas, regras e procedimentos, relações de hierarquia, modos de organizar o espaço e o tempo na escola, de dispor os alunos por grupamentos e turmas, mensagens implícitas nas falas dos professores e livros didáticos. Assim, todos os temas que atravessam os conteúdos escolares, como as atualidades, os relatos dos alunos e os conflitos em sala de aula, são parte do currículo oculto.

O currículo centraliza as lutas de diferentes atores sociais e políticos. Grupos dominantes usam o currículo para apresentar sua visão de mundo e seu projeto social. Ele sistematiza os trabalhos pedagógicos, e os atores da comunidade escolar devem trabalhar em prol do currículo, o que torna a todos, dos diferentes níveis do processo educacional, responsáveis por sua elaboração. Por isso, o currículo é um instrumento de grande impacto na construção da identidade do estudante.

O professor deve ser protagonista na construção dos currículos que se efetivam nas escolas e nas salas de aula. Por isso, há necessidade constante de se discutir e refletir o currículo formal, planejado e desenvolvido, e também o currículo oculto. Desse modo, uma escola inclusiva deve proporcionar o diálogo entre os diferentes e ampliar os horizontes culturais dos alunos, deve estimular a reflexão em torno dos diferentes conhecimentos e saberes, dos diferentes atores, para tornar concreta uma educação intercultural.

Daí a importância da teoria pós-crítica do currículo, que busca transformar o campo educacional brasileiro. Ela favorece o aluno com deficiência, em especial o aluno com DI, e a escola como um todo, para que desenvolva práticas educacionais multiplicadoras de sentidos, nas diversas linguagens, e para que o currículo possa ser alterado quando necessário, com novas possibilidades e criações.

A teoria pós-crítica do currículo propõe uma reflexão profunda sobre o currículo escolar, considerando não somente os conteúdos que são ensinados, mas também as formas como esses conteúdos são escolhidos, organizados e transmitidos. Essa teoria surge em oposição a modelos tradicionais que pensam o currículo de forma fixa e padronizada.

Dessa forma, a teoria pós-crítica do currículo busca entender e transformar o currículo escolar, questionando as práticas tradicionais que podem ser excludentes e muitas vezes reforçam as desigualdades. Ela propõe que o currículo seja visto como algo dinâmico, inclusivo, plural e que ajude na construção de uma educação mais justa e equitativa para todos os alunos.

> É de grande relevância considerar a perspectiva da teoria pós-crítica do currículo na educação inclusiva, destacando a importância das diferenças no mundo contemporâneo, uma vez que o currículo não é algo neutro, passivo, engessado, pois cumpre um papel amplo no aspecto social, cultural, político e ideológico.

FORMAÇÃO DOS PROFESSORES E EDUCAÇÃO INCLUSIVA

Ao refletir sobre o currículo, também se deve considerar a formação dos professores e suas práticas de ensino, já que os docentes utilizam o currículo para orientar seu trabalho e determinar o que ensinar na escola. Dessa forma, é necessário que os educadores participem da elaboração do currículo, partindo sempre das suas vivências em sala de aula, construindo espaços relacionados a novas práticas sociais e desenvolvendo novos possibilidades de aprendizagem.

A formação de professores para uma educação inclusiva é muito importante para garantir que todos os alunos, com ou sem deficiência, possam aprender juntos e de maneira igualitária. Ao serem preparados de forma adequada, os professores conseguem criar um ambiente de ensino em que todos os estudantes se sintam respeitados e tenham as mesmas oportunidades de aprender.

Para uma educação inclusiva de qualidade, uma boa formação continuada de professores é essencial. Primeiramente, é fundamental que os docentes compreendam as necessidades individuais de cada aluno. Um professor bem preparado consegue identificar essas diferenças de ritmos e formas de aprendizagem de cada estudante e, assim, adaptar sua metodologia para que todos possam aprender de forma eficaz.

Além disso, a formação adequada permite que os educadores utilizem métodos de ensino variados, tornando as aulas mais acessíveis. Isso inclui a adaptação do conteúdo e o uso de recursos especiais, como tecnologias que facilitam o aprendizado de alunos com deficiência intelectual. Professores capacitados sabem modificar atividades e estratégias para garantir que todos os estudantes possam participar plenamente do processo educativo.

Outro aspecto fundamental é a criação de um ambiente escolar baseado no respeito e na aceitação das diferenças, promovendo uma convivência mais harmoniosa dentro da escola. A inclusão não se resume apenas a modificar práticas pedagógicas, mas também envolve a construção de uma cultura de respeito e valorização da diversidade.

Quando os professores estão devidamente capacitados, eles são capazes de ajudar os alunos a desenvolverem a autoconfiança e a segurança no ambiente escolar. Esse apoio emocional e social é especialmente importante para aqueles que, por algum motivo, possam se sentir excluídos ou diferentes. Um professor que acolhe e incentiva pode ser um fator determinante para o sucesso acadêmico e pessoal do aluno.

A formação docente para uma educação inclusiva também garante que os professores estejam alinhados às leis e políticas educacionais. Estar atualizado sobre as normas e diretrizes garante que todos os estudantes tenham acesso a uma educação de qualidade, de acordo com o que prevê a legislação.

Conforme a Lei Brasileira de Inclusão da Pessoa com Deficiência (2015), a educação é um direito fundamental da pessoa com deficiência. Ela deve ser assegurada por meio de um sistema educacional inclusivo em todos os níveis de aprendizado, com o objetivo de promover o pleno desenvolvimento de seus talentos e habilidades físicas, sensoriais, intelectuais e sociais, em conformidade com suas necessidades e interesses de aprendizagem.

As Diretrizes Operacionais para o Atendimento Especializado na Educação Básica, instituídas pela Resolução CNE/CBE n. 4/2010, representam uma mudança histórica, uma transição importante entre o modelo de educação especial discriminatória e a educação inclusiva. A Resolução estabelece normas e orientações para garantir o acesso, a permanência, a participação e a aprendizagem de alunos com deficiência, transtornos globais do desenvolvimento e altas habilidades/superdotação nas escolas regulares. Prevê um modelo de ensino adaptado, com apoio especializado, acessibilidade, formação de educadores e planejamento individualizado, com o objetivo de permitir a aprendizagem efetiva dos alunos com deficiência, sem que sejam marginalizados ou excluídos.

A educação inclusiva, ainda que encontre resistências por parte de alguns professores, é uma realidade e estabelece, sem dúvida alguma, uma concepção que procura resgatar valores sociais fundamentais, compatíveis com a equidade de direitos e oportunidades para todos.

COMO AVALIAR A APRENDIZAGEM DO ALUNO COM DEFICIÊNCIA INTELECTUAL

Uma dificuldade para uma escola inclusiva está relacionada aos processos de avaliação do ensino e aprendizagem dos alunos com deficiência intelectual. Quais recursos devem ser utilizados em sala de aula para que aluno aprenda e se desenvolva e para que seja proporcionado espaço de acolhimento para assegurar que as vozes das pessoas com deficiência e seus familiares sejam ouvidas?

O professor deve acompanhar de perto o processo de aprendizagem do aluno com deficiência, e esse trabalho exige do docente competências específicas para avaliar o aluno de forma adequada. Para os alunos com DI, a avaliação deve ser contínua e os instrumentos e critérios empregados devem estar focados nos percursos de aprendizagem do aluno – que abarcam as dificuldades a ser superadas e também os seus avanços.

Para realizar uma boa avaliação, o professor precisa variar seus instrumentos de avaliação, levando em conta a diversidade cultural e as diferenças individuais relacionadas ao processo de aprendizagem. O ambiente escolar que promove tanto a formação acadêmica quanto a socialização facilita a realização de uma boa avaliação escolar, a qual não se limita a medir o conhecimento, mas também apoia o desenvolvimento integral do aluno. A avaliação, assim, se torna um instrumento para melhorar o aprendizado e para fortalecer o crescimento pessoal e social do aluno.

É preciso avaliar o estudante com DI de forma cuidadosa e personalizada, respeitando suas capacidades, dificuldades e ritmo de aprendizagem. A ideia é entender o processo do aluno e identificar áreas em que ele precisa de apoio, sem compará-lo com outros.

A seguir algumas estratégias para uma avaliação mais eficaz do aluno com DI:

- **Adaptação da avaliação ao nível do aluno**: cada aluno tem seu próprio ritmo e forma de aprender, por isso as avaliações precisam ser feitas de acordo com as suas capacidades.
- **Avaliação contínua**: em vez de usar apenas provas tradicionais, que podem ser difíceis para o aluno com DI, é bom fazer avaliações contínuas. Isso significa observar o estudante ao longo do tempo, ver como ele está se desenvolvendo, se está melhorando em diversas atividades. Isso pode ser feito através de observações diárias, tarefas simples, por meio das quais o professor pode acompanhar os seus progressos.

- **Avalição das múltiplas dimensões do desenvolvimento**: avalie não apenas o conteúdo escolar, mas também outras áreas do desenvolvimento, como habilidades sociais, emocionais, cognitivas e de comunicação. Isso dá uma visão mais completa das competências do aluno.
- **Foco no progresso individual**: a avaliação deve destacar o progresso do aluno, não apenas os pontos de falha. Se o estudante evolui em uma habilidade específica, mesmo que ainda não tenha alcançado a meta final, isso deve ser reconhecido e valorizado.
- **Uso de tecnologias e recursos adaptados**: ferramentas digitais ou dispositivos tecnológicos adaptados podem ser úteis para facilitar a avaliação de alunos com DI. Softwares educativos e aplicativos específicos podem ser utilizados para avaliar o progresso de maneira interativa e envolvente.
- **Autoavaliação e avaliação dos familiares**: envolver o aluno com DI e seus familiares no processo de avaliação pode trazer informações valiosas sobre o seu desenvolvimento e seus desafios. Além disso, a autoavaliação pode ajudar o aluno a refletir sobre seu próprio aprendizado.

Avaliar o aluno com DI é saber ajustar a avaliação às suas necessidades, acompanhar seu progresso e ajudá-lo a aprender de acordo com as suas capacidades. O importante é dar apoio para que o aluno tenha a chance de se desenvolver, sem pressa, no seu próprio ritmo.

A qualidade do ensino como fator primordial, tanto na escola pública como na escola privada, é uma atitude que precisa ser assumida por todos os educadores e gestores em educação, pois é um dos fatores para o nosso maior desenvolvimento econômico. Quando a qualidade de ensino é priorizada, ela resulta em uma sociedade mais capacitada e preparada para enfrentar os desafios do futuro. Isso não só melhora a vida dos alunos, mas também contribui diretamente para o desenvolvimento econômico de um país, criando uma força de trabalho mais qualificada e inovadora.

Escolas de qualidade são espaços educativos de construção de personalidades humanas autônomas, críticas, nos quais as crianças e jovens se desenvolvem integralmente (Mantoan, 2015). Nesses ambientes, as diferenças são valorizadas pela convivência com os pares, pelo modo como os professores ensinam, pela aprendizagem em sala de aula, pelo espaço socioafetivo das relações que se estabelecem, sem tensões ou competição, de maneira solidária e ativa.

Necessitamos criar uma nova maneira de ensinar que diga não à exclusão social. Essa ação requer melhores condições de trabalho para o professor, formação continuada e uma rede de conhecimentos que possam dialogar e caminhar no rumo contrário de um modelo educacional segregador.

A inclusão é o resultado de uma educação diversificada, democrática e insubordinada. É urgente e necessária a transformação no fazer educativo, com maior enfoque nas práticas pedagógicas, que devem ser mediadas pela ação-reflexão-ação, fazendo com que a teoria dialogue sempre com a prática.

LETRAMENTO
E DI

Este capítulo irá abordar os conceitos de letramento e multiletramentos, apresentando caminhos possíveis para alfabetizar e letrar o deficiente intelectual.

LETRAMENTO, O QUE É?

A palavra "letramento" tem sua origem etimológica na tradução da palavra inglesa "*literacy*". Em português, é formada pela junção do significado do termo em latim "*littera*" com o sufixo -*mento*, que indica uma ação. No Brasil, foi Mary Kato que usou inicialmente o termo "letramento" em 1986, em sua obra *No mundo da escrita: uma perspectiva psicolinguística*.

Em 1988, o termo apareceu no livro de Leda Verdiani Tfouni, *Adultos não alfabetizados: o avesso do avesso*. Nele, a autora diferencia *letramento* de *alfabetização*. Tal denominação também aparece em títulos de livros organizado por Ângela Kleiman (1995), novamente por Tfouni (1996) e Magda Soares (1988).

Esses especialistas em alfabetização concordam que o letramento está relacionado ao conjunto de práticas sociais orais e escritas de uma sociedade e também à construção da autoria.

Para uma reflexão sobre o que é ser letrado e como se dá o processo de letramento, é necessário recorrer aos estudos que analisam a relação entre a oralidade e a escrita, pois a condição letrada está ligada aos discursos elaborados nas práticas sociais orais e escrita.

O letramento influencia o pensamento ao desenvolver formas diversas de se falar sobre o texto trabalhado em sala de aula (Olson e Astington, 1990). Nesse sentido, ser letrado é ter capacidade para participar de uma determinada forma de discurso, sabendo ler e escrever ou não. É o ambiente escolar que viabiliza essa habilidade para falar sobre o falar, elaborar questões, buscar respostas, promovendo a competência para uma metalinguagem.

E, para que o aluno atinja satisfatoriamente essa habilidade, são necessários anos de prática com os textos, através da leitura, dos comentários, das comparações e de seus próprios julgamentos e inferências sobre os textos. Para tanto, o ambiente escolar tem um papel relevante na aquisição de conhecimentos que constituem uma cultura letrada, principalmente para as classes populares, na formação de sujeitos letrados. É nesse panorama de elaboração da linguagem que o letramento colabora para o pensamento.

Dessa maneira, para a criança, o processo de apropriação da língua escrita está relacionado intimamente a esse trânsito pelas duas modalidades da linguagem, a oral e a escrita, que se ajustam às situações de uso socialmente importantes.

A educadora e pesquisadora Magda Soares (1988) diz que o grande desafio do professor é alfabetizar letrando, simultaneamente. Ela afirma que crianças que participam de eventos de letramento, ou seja, de ações de leitura e escrita desde cedo, ouvindo histórias e observando seus familiares lendo e escrevendo, chegam à escola com mais compreensão sobre o uso e as funções da nossa língua. Já as crianças vindas de famílias não alfabetizadas ou pouco alfabetizadas, que possuem poucas oportunidades de participação em eventos de letramento, costumam chegar à escola entendendo que o texto escrito é aquele oferecido em seu ambiente familiar: textos prontos, curtos, que lembram as cartilhas.

Por isso, é fundamental "alfaletrar", no sentido proposto por Soares (2022), ou seja, unindo alfabetização e letramento em sala de aula, num processo integrado e, ao mesmo tempo, crítico e reflexivo. Alfaletrar é, portanto, mais amplo que apenas o aprendizado da escrita e leitura de frases e textos simples.

Sendo, então, a alfabetização e o letramento processos interligados, eles devem ser desenvolvidos em sala de aula de modo simultâneo, principalmente com o aluno com deficiência intelectual. Enquanto a alfabetização dá ao estudante as ferramentas básicas de leitura e escrita, o letramento habilita o indivíduo a usar essas ferramentas de forma reflexiva e funcional nos diversificados contextos sociais.

NOVOS LETRAMENTOS E MULTILETRAMENTOS

A partir do final dos anos 1970 e início dos anos 1980, estudiosos do letramento passaram a descrever as práticas de leitura e escrita como intrinsecamente ligadas às práticas sociais, usadas em grupos sociais específicos, indagando sobre o modo tradicional de se entender a leitura e a escrita (Larson e Marsh, 2005).

Os estudos sobre "letramentos" começaram a se expandir no início da década de 1990. Estudiosos de diversas áreas, como Educação, Sociologia e Linguística, começaram a investigar como as pessoas aprendem a ler e escrever, como isso varia entre culturas e contextos e como o letramento impacta a vida das pessoas. E, ao substituir a noção tradicional de letramento por uma abordagem plural de práticas sociais e culturais, os pesquisadores passaram a usar *letramentos,* no plural.

Desse modo, o conceito de "novos letramentos" refere-se a uma abordagem mais moderna e abrangente sobre o que significa ler e escrever nos dias de hoje, conectada com as ideias e descobertas feitas por aqueles que estudaram o letramento antes. E essa abordagem representa uma transformação em relação ao modelo tradicional de aprendizagem, que enxerga o aluno primordialmente como ser individual e cognitivo, sem conexáo com o meio social onde está inserido. Essa nova perceptiva abrange uma visáo mais ampla das práticas de letramento, considerando seus contextos sociais e culturais.

Em 1994, foi formado o Grupo de Nova Londres, composto por educadores linguísticos de diversas áreas. Eles se reuniram em Nova Londres, nos Estados Unidos, para discutir e elaborar uma nova proposta pedagógica como resposta à contemporaneidade, devido ao surgimento das novas tecnologias de informação e comunicação. Surge, então, a pedagogia de multiletramentos, que chamou a atençáo de educadores de diversas áreas. O conceito de multiletramentos foi cunhado pelo Grupo no manifesto de 1996 e leva em conta "a multiplicidade de mídias e canais de comunicações e o crescente aumento da diversidade linguística e cultural" (Grupo de Nova Londres, 2000).

No mundo atual, onde a tecnologia conecta diferentes linguagens e culturas para a criação de novos significados, é essencial que os professores incentivem os alunos a fazerem o mesmo. Isso envolve trabalhar com os multiletramentos, ou seja, conectar diferentes formas de comunicação e diversas culturas. Para isso, é preciso aproximar as práticas de letramento da escola com aquelas do dia a dia. Para o letramento se tornar multiletramentos "são necessárias novas ferramentas – além das da escrita manual (papel, pena, lápis, caneta, giz e lousa) e impressora (tipografia, imprensa) – de áudio, vídeo, tratamento de imagem, edição e diagramação" (Rojo e Moura, 2012).

É preciso que a linguagem dê conta das necessidades da vida, da cidadania, do trabalho, diante da globalização e de alta circulação de informação, porém sem perder a ética plural e democrática (Rojo, 2009). E isso só é possível fortalecendo as identidades e a tolerância às diferenças por meio da linguagem, de práticas didáticas plurais, multimodais, possibilitadas pelas diversas ideias e os diferentes gêneros textuais.

Desse modo, a aprendizagem como conhecemos muda. Já não ficamos mais presos a um único ponto de vista e podemos nos libertar, criando interações com outros textos, imagens e sons. Na perspectiva do multiletramento, os textos trabalhados em sala de aula devem ser interativos, colaborativos, transgressores, híbridos e criativos.

Na pedagogia de multiletramentos, o aluno precisa ser crítico, autônomo: saber utilizar as ferramentas digitais no ambiente escolar como recursos para melhorar a interação e comunicação. O estudante passa a ser o sujeito ativo de sua aprendizagem, transformando-se em criador de sentidos.

Por meio dos novos letramentos e multiletramentos, os professores são provocados a sair da sua zona de conforto e dar lugar a novos significados em suas práticas educativas, pois, ao incorporar os novos letramentos em suas práticas, precisam se afastar de métodos tradicionais e explorar novas abordagens de ensino.

Novos caminhos na formação de professores são apontados por meio da perspectiva dos multiletramentos, voltados para a ação, para a singularidade, para a organização do discurso. Dessa forma, os professores podem ter acesso a instrumentos pedagógicos abertos e novos desafios para o plurilinguismo social.

CAMINHOS PARA ALFABETIZAR E LETRAR O ALUNO DEFICIENTE INTELECTUAL

Alfabetizar e letrar crianças, jovens ou adultos é uma tarefa complexa, mas que pode ser realizada de forma criativa e prazerosa. Podemos aprender a escrever e ler através de brincadeiras, de reflexão, de um trabalho cooperativo ou até com jogos; porém, isso não significa que as aprendizagens são simples ou que são fáceis, ou ainda que não requerem esforço do aprendiz (Brasil, 2012).

Em salas de alfabetização, o professor deve usar práticas que equilibrem aspectos sociais e intelectuais, por meio da interdisciplinaridade, promovendo vivências na sala de aula para favorecer a formação de um ser humano.

Nas práticas pedagógicas, deve haver mediação do ser humano, sem subordinação do indivíduo a um equipamento técnico previamente estabelecido. O ser humano deve ser um participante ativo na construção da sua aprendizagem e não apenas um mero espectador (Pinto, 2005). Desse modo, a prática pedagógica em sala de aula é estruturada em torno de intencionalidades, ou seja, engloba uma reflexão contínua e coletiva, assegurando que a intencionalidade ofertada esteja disponível a todos. Será pedagógica quando buscar construir vivências que garantam os encaminhamentos possíveis para que as intencionalidades possam ser realizadas.

É fundamental que o professor, no contexto escolar, compreenda a intencionalidade pedagógica e faça uma reflexão sobre as estratégias de ensino – comportamentos, ações e atitudes voltadas para o aprendizado. Podemos definir as estratégias de ensino como situações diversificadas, criadas pelo professor em sala de aula para oferecer aos alunos a interação com o conhecimento.

Então, a utilização de recursos e estratégias diversificadas de ensino pelo professor é indispensável para sua prática pedagógica, por oportunizar um atendimento personalizado ao aluno com deficiência intelectual e possibilitar a apropriação dos conhecimentos.

Para uma boa aula, é preciso planejamento do professor alfabetizador, incluindo atividades que desafiem o aluno, desde as mais simples até as mais elaboradas, retornando aos pontos de dificuldade sempre que for preciso. O material a ser trabalhado deve ser apropriado, assim como o espaço físico e a organização do tempo para cada atividade proposta.

> O professor deve possuir bons conhecimentos prévios que o possibilite atingir seus objetivos em sala de aula, sempre considerando a motivação e os interesses dos alunos. Além disso, precisa compreender bem as características dos componentes trabalhados, o que possibilitará a elaboração de estratégias de ensino e aprendizagem de forma interdisciplinar.

Quando pensamos em prática pedagógica, estamos refletindo também sobre os saberes docentes relacionados às demais dimensões do trabalho dos professores, tais como formação e desenvolvimento profissional, identidade, carreira, condições de trabalho, tensões e questões socioeducativas que marcam a profissão, características das instituições escolares em que trabalham e também os conteúdos dos programas. Os saberes integram as práticas docentes, que são determinadas por questões éticas, normativas e políticas (Tardif, 2011).

Dessa maneira, a utilização de "sequências didáticas" favorece a prática em sala de aula, requerendo do professor um planejamento criterioso em relação aos recursos, para que as diversas aprendizagens sejam trabalhadas no tempo e espaço adequados. As sequências didáticas ou atividades sequenciais podem ser estabelecidas de modo interdisciplinar, integrando conteúdos de diversas disciplinas, sendo relevante a ordem dessas atividades. Por meio das sequências didáticas, um mesmo conteúdo pode ser abordado em diferentes aulas, de diferentes formas, de maneira organizada e integrada (Silva et al., 2012).

É numa perspectiva interdisciplinar que a sequência didática favorece o aluno com deficiência intelectual. Ela deve ser elaborada para ser desafiadora, no sentido de estimulá-lo, e o professor sempre deve inovar em sua prática com o intuito de melhorá-la, com base em suas necessidades diárias com o aluno com DI, buscando estratégias didáticas diversificadas.

Existem diversos tipos e níveis de letramento, que dependem das necessidades, das demandas dos indivíduos, do meio onde vivem e também do contexto cultural em que estão inseridos. Daí a importância de sequências didáticas diversificadas para dar conta dos diferentes tipos e níveis de letramento (Soares, 2004).

Para ensinar, precisamos ao mesmo tempo planejar, orientar e controlar a aprendizagem do aluno; as atividades em duplas e grupos colaborativos devem fazer parte das estratégias de ensino em sala de aula. Essas estratégias estimulam as habilidades do aluno, sendo importante sobretudo para o aluno com deficiência intelectual, pois em atividades em grupos os deveres são divididos.

O professor deve trabalhar com pequenos grupos colaborativos, nos quais os alunos possam vivenciar de forma concreta a aprendizagem. Duplas produtivas agrupando alunos com hipóteses de escrita próximas são valiosas para a troca de saberes e avanços no processo de alfabetização e letramento. E isso vale da mesma forma, e principalmente, para alunos com deficiência intelectual, mesmo que a atividade com o outro possa ser complexa devido às suas dificuldades de comunicação e sociabilização.

Durante o processo de alfabetização, as crianças passam por diferentes estágios até compreender o sistema de escrita. Tais fases são conhecidas como hipóteses de escrita. A criança passa por um processo de aquisição de escrita baseado em cinco níveis de hipóteses: pré-silábica, intermediário, hipótese silábica, hipótese silábico-alfabética e hipótese alfabética (Ferreiro e Teberosky, 1984).

O professor alfabetizador deve possuir um conhecimento aprofundado dessas hipóteses para que possa trabalhar eficazmente com grupos produtivos em sala de aula. Além disso, é essencial que ele identifique qual a hipótese de escrita do aluno com deficiência intelectual, possibilitando assim o desenvolvimento de atividades adequadas às suas necessidades de aprendizagem.

Os jogos educativos também são uma estratégia relevante e devem ser utilizados com um cuidadoso planejamento (de acordo com a especificidade de cada deficiência). Eles podem ser de alfabetização, de matemática (quebra-cabeça, dominó, palitos, cartas, desafios, cores, formas), de movimento etc. Dessa forma, enquanto a criança joga e se diverte, também aprende com seus pares. Behrens (2011) enfatiza que "o ensino como produção de conhecimento propõe enfaticamente o envolvimento do aluno no processo educativo".

Num ambiente de práticas de letramento, o professor deve despertar no educando o gosto pela leitura. Leituras em roda, realizadas pelo professor em sala de aula, devem ser diárias, pois são um modo de estimular o gosto por ouvir histórias; deve existir um cantinho da leitura, onde o aluno possa escolher a leitura que irá fazer por prazer.

O uso da internet possibilita práticas sociais e situações de letramento para todos os alunos. Dessa forma, o letramento digital pode ser realizado por meio das novas tecnologias e pelo uso de suas ferramentas. Soares (2002) define o letramento digital como "estado ou condição que adquirem os que se apropriam da nova tecnologia digital e exercem práticas de leitura e escrita na tela".

Nesse sentido, o professor deve pensar em metodologias diversificadas, pois a tecnologia digital existe e deve ser usada em favor da aprendizagem, uma vez que os alunos tem acesso a ela e podem utilizar com autonomia, sendo ativos no processo. Por isso, o uso de múltiplas linguagens – textos escritos, orais, visuais, iconográficos e imagéticos – pode ajudar o aluno a adquirir as competências necessárias para ler, refletir e escrever.

Utilizar somente um tipo de linguagem (a escrita), numa sociedade predominantemente visual, é incoerente e perpetua a permanência das metodologias educacionais que enxergam somente o texto escrito como forma de alfabetizar. Assim, deixam de considerar o cinema, a propaganda, a música, os quadrinhos, os desenhos animados, os jogos virtuais, a internet, que também são meios de comunicação e fazem parte do cotidiano do aluno. Eles devem, portanto, ser usados em sala de aula para adquirir habilidades de leitura e escrita.

A Base Nacional Comum Curricular e as múltiplas linguagens

Em salas de alfabetização, é importante trabalhar com as múltiplas linguagens e desenvolver as competências específicas. De acordo com a Base Nacional Comum Curricular (Brasil, 2018), são elas:

1. Compreender as linguagens como construção humana, histórica, social e cultural, de natureza dinâmica, reconhecendo-as e valorizando-as como formas de significação da realidade e expressão de subjetividades e identidades sociais e culturais.

2. Conhecer e explorar diversas práticas de linguagem (artísticas, corporais e linguísticas) em diferentes campos da atividade humana para continuar aprendendo, ampliar suas possibilidades de participação na vida social e colaborar para a construção de uma sociedade mais justa, democrática e inclusiva.

3. Utilizar diferentes linguagens – verbal (oral ou visual-motora, como Libras, e escrita), corporal, visual, sonora e digital – para se expressar e partilhar informações, experiências, ideias e sentimentos em diferentes contextos e produzir sentidos que levem ao diálogo, à resolução de conflitos e à cooperação.

4. Utilizar diferentes linguagens para defender pontos de vista que respeitem o outro e promovam os direitos humanos, a consciência socioambiental e o consumo responsável em âmbito local, regional e global, atuando criticamente frente a questões do mundo contemporâneo.

5. Desenvolver o senso estético para reconhecer, fruir e respeitar as diversas manifestações artísticas e culturais, das locais às mundiais, inclusive aquelas pertencentes ao patrimônio cultural da humanidade, bem como participar de práticas diversificadas, individuais e coletivas, da produção artístico-cultural, com respeito à diversidade de saberes, identidades e culturas.

6. Compreender e utilizar tecnologias digitais de informação e comunicação de forma crítica, significativa, reflexiva e ética nas diversas práticas sociais (incluindo as escolares), para se comunicar por meio das diferentes linguagens e mídias, produzir conhecimentos, resolver problemas e desenvolver projetos autorais e coletivos.

Para os alunos com deficiência intelectual, é importante também o uso da arte, dança, música, pintura, desenho, teatro, dramatizações, modelagem etc. para criar um ambiente multiplicador de aprendizagens, estimulando a vontade de aprender desse estudante por meio de atividades que geram prazer e uma maior criatividade.

A escola não deve impedir as competências dos alunos, e sim canalizar suas potencialidades para os processos de ensino. Segundo Gardner (1995), as inteligências que devem ser desenvolvidas no indivíduo são: linguísticas; lógico-matemática; espacial; musical; corporal-cinestésica; interpessoal e intrapessoal.

A arte também favorece o desenvolvimento dessas múltiplas inteligências no ambiente de sala de aula, facilitando uma maior troca e o respeito às singularidades do aluno. Na BNCC, o componente curricular Arte está centrado nas seguintes linguagens: as artes visuais, a dança, a música e o teatro.

O pensamento, a emoção, a sensibilidade, a intuição e as subjetividades se apresentam como expressão no processo de aprendizagem em Arte. Essas linguagens organizam os saberes artísticos, pois envolvem as práticas de criar, ler, produzir, construir, exteriorizar e refletir sobre formas artísticas.

Ainda de acordo com a BNCC (Brasil, 2018), a abordagem das linguagens articula seis dimensões dos conhecimentos das artes visuais, da dança, da música e do teatro. Essas dimensões, sucintamente, são:

- **Criação:** refere-se ao fazer artístico, quando os sujeitos criam, produzem e constroem.

- **Crítica:** refere-se às impressões que impulsionam os sujeitos em direção a novas compreensões do espaço em que vivem, com base no estabelecimento de relações, por meio do estudo e da pesquisa.
- **Estesia:** refere-se à experiência sensível dos sujeitos em relação ao espaço, ao tempo, ao som, à ação, às imagens, ao próprio corpo e aos diferentes materiais.
- **Expressão:** refere-se às possibilidades de exteriorizar e manifestar as criações subjetivas por meio de procedimentos artísticos, tanto em âmbito individual quanto coletivo.
- **Fruição:** refere-se ao deleite, ao prazer, ao estranhamento e à abertura para se sensibilizar durante a participação em práticas artísticas e culturais.
- **Reflexão:** refere-se ao processo de construir argumentos e ponderações sobre as fruições, as experiências e os processos criativos, artísticos e culturais.

Não há uma hierarquia entre as dimensões, podendo ser trabalhadas em sala de aula em qualquer ordem, uma vez que não são eixos temáticos ou categorias, e sim linhas flexíveis que se atravessam, criando a singularidade na construção do conhecimento em arte no ambiente escolar.

Também há uma unidade temática, que são as *artes integradas*, que exploram as articulações entre as diferentes linguagens e suas práticas, inclusive a utilização das novas tecnologias de informação e comunicação.

Dessa forma, o componente Arte favorece o acesso à leitura, à criação e à produção nas diversas linguagens artísticas, ampliando as habilidades relacionadas tanto à linguagem verbal quanto às linguagens não verbais, garantindo aos alunos o desenvolvimento das competências relacionadas à alfabetização e ao letramento.

Logo, as estratégias aqui relacionadas geram a construção de práticas que dão sentido às intencionalidades do professor em relação ao aluno com DI nos anos iniciais do ensino fundamental, pois convocam todos os alunos a participarem da aula através de um ensino criativo, desafiador e com significado.

Através de diferentes recursos e estratégias, o docente pode refletir sobre a sua prática e sobre a participação ativa do aluno no desenvolvimento das atividades em sala de aula, alcançando um resultado positivo, transformador e prático.

A seguir apresento algumas atividades práticas que o professor pode utilizar em sala de aula, adaptando à sua realidade quando necessário, personalizando a aprendizagem para seu aluno com deficiência intelectual, de acordo com o contexto em que o estudante está inserido, partindo sempre da sua própria realidade.

São caminhos que podem ser percorridos, refeitos, alterados, nada estático; trata-se apenas de sugestões e estratégias para "alfaletrar" todos os alunos, como nos sugere Magda Soares (2022).

PARA COLOCAR EM PRÁTICA 1: PARLENDAS, CONTOS E FÁBULAS

Agora que já refletimos sobre uma educação inclusiva, sobre concepções de letramentos e multiletramentos e também sobre as perspectivas e os desafios para alfabetizar letrando o aluno com DI, podemos partir então para as atividades práticas em sala de aula.

PARLENDA "CORRE, CUTIA"

Conforme mencionado, para que seja efetiva a inclusão de uma pessoa com deficiência nos diferentes setores da sociedade, sobretudo na escola, é necessário que haja mudanças nas relações e nos padrões sociais. Hoje não basta apenas respeitar as diferenças, é preciso valorizá-las de acordo com suas especificidades e respeitar a obrigação legal de sua participação ativa e consciente.

Dessa forma, as práticas inclusivas de ensino, que envolvem a participação de todos em sala de aula, propiciam sobremaneira um ambiente de alfabetização e letramento para o aluno com deficiência intelectual e/ou dificuldades de aprendizagem.

O professor deve proporcionar ao aluno a oportunidade de aprender os conteúdos curriculares, construindo seu próprio conhecimento, considerando que o aluno com DI possui uma maneira toda particular de lidar com o saber, o que nem sempre corresponde ao modo tradicional da escola.

Então, é preciso que o professor fuja do conservadorismo e proponha novos modos de aprendizagem, utilizando todas as estratégias e recursos disponíveis, tecnológicos ou não, para a alfabetização e letramento dos alunos, principalmente o aluno com DI.

Magda Soares (2000) ensina que:

> Se alfabetizar significa orientar a própria criança para o domínio da tecnologia da escrita, letrar significa levá-la ao exercício das práticas sociais de leitura e escrita. Uma criança alfabetizada é uma criança que sabe ler e escrever, uma criança letrada [...] é uma criança que tem o hábito, as habilidades e até mesmo o prazer da leitura e da escrita de diferentes gêneros de textos, em diferentes suportes ou portadores, em diferentes contextos e circunstâncias. [...] Alfabetizar letrando significa orientar a criança para que aprenda a ler e a escrever levando-a a conviver com práticas reais de leitura e de escrita.

Desse modo, o uso de todos os recursos disponíveis e estratégias diversificadas de ensino pelo professor é de suma importância para sua prática pedagógica, por favorecer um atendimento personalizado ao aluno com deficiência intelectual e por possibilitar a apropriação dos conhecimentos.

É evidente que a educação inclusiva propicia vantagens para todas as crianças da sala de aula, no ensino regular ou privado, uma vez que todos aprendem de acordo com suas perspectivas cognitivas através das orientações recebidas pelos professores inclusivos – que focam na aprendizagem personalizada, independentemente de o aluno ter esta ou aquela deficiência.

O convívio em um ambiente escolar inclusivo motiva comportamentos solidários de todos, atitudes de respeito às diferenças e valorização da diversidade e defesa dos direitos sociais e humanos.

Portanto, as práticas de ensino aqui descritas favorecem a alfabetização e letramento do aluno com DI através de uma educação inclusiva. Elas foram desenvolvidas em sequências didáticas, diversificadas, auxiliando o trabalho do professor em sala de aula, de acordo com a necessidade do aluno.

São práticas como atividades em lousa digital, prancha plastificada, prancha emborrachada, material impresso, colagem, desenho, dramatização, música, vídeos, jogos de alfabetização e matemáticos etc. que dão sentido às intencionalidades do professor em relação ao aluno com DI nos anos iniciais do ensino fundamental, convidando a todos os estudantes a participarem da aula através de um ensino motivador, desafiador e colaborativo.

Então, vamos utilizar "sequências didáticas" para demonstrar as práticas e o passo a passo de como realizar as atividades, envolvendo todos em sala de aula, de forma ativa e colaborativa. O professor também pode utilizar miniprojetos, se assim achar melhor.

Os processos de alfabetização e letramento são indissociáveis e, dessa forma, é de suma importância que o professor organize sua prática pedagógica para alfabetizar e letrar as crianças. Magda Soares (2003) destaca que "[...] o ideal seria alfabetizar letrando, ou seja: ensinar a ler e a escrever no contexto das práticas sociais de leitura e da escrita, de modo que o indivíduo se tornasse, ao mesmo tempo, alfabetizado e letrado".

Assim, ao trabalhar as práticas de oralidade no ambiente escolar, o professor também incorpora as práticas de alfabetização e letramento, sendo que um processo contribui para a conquista do outro.

A linguagem da criança se transforma em meio de planejamento e regulação de sua conduta, elaborando o seu pensamento (Mukhima, 1995). Então, faz parte do trabalho do educador planejar ações que favoreça o desenvolvimento da linguagem, viabilizando a transformação do pensamento, englobando a alfabetização e o letramento nas práticas de oralidade, trabalhando tais processos de forma articulada e sistematizada.

Daí a importância de se trabalhar as parlendas nas salas de alfabetização. As parlendas são transmitidas de forma oral e passam de geração em geração. Elas não possuem um autor específico, e podem existir diversas versões para uma mesma parlenda. Sua composição possui normalmente versos de cinco ou seis sílabas ritmadas para serem declamados. O tema desses versos é muito variado, por isso, as parlendas podem ser utilizadas em situações e contextos bem diversos entre si.

A parlenda faz parte da literatura popular oral e do folclore brasileiro. Em sala de aula ela auxilia muito no desenvolvimento da oralidade, da memorização e para fixar alguns conceitos, além de ser muito divertida e fazer parte da vida escolar dos alunos desde a educação infantil.

O professor deve, então, partir desse conhecimento que o aluno já possui e iniciar assim as atividades de leitura/escrita com o aluno DI.

E, de acordo com a Base Nacional Comum Curricular, no ensino fundamental – anos iniciais, a área de Linguagens é composta pelos seguintes componentes curriculares: Língua Portuguesa, Arte, Educação Física.

Esses componentes possibilitam aos estudantes participar de práticas de linguagem diversificadas, que lhes permitam ampliar suas capacidades expressivas em manifestações artísticas, corporais e linguísticas, como também seus conhecimentos sobre essas linguagens, em continuidade às experiências vividas na educação infantil.

A seguir, o passo a passo da sequência didática.

Objetivo geral:
Desenvolver a oralidade, leitura/escrita.

Objetivos específicos:
Desenvolver a oralidade, o trabalho colaborativo, a motivação para aprender, habilidades de leitura/escrita por meio de vídeo, texto lacunado (utilizando palavras e figuras), observação das rimas, formação de palavras, frases, reescrita do texto.

Conteúdos:
Língua Portuguesa, Ciências, Arte.

Público-alvo:
Alunos do 1º e 2º ano do ensino fundamental.

Tempo estimado:
Duas semanas.

Material necessário:
Lousa digital ou computador, folha impressa e plastificada, figuras, velcro, cola quente e pistola de aplicação, caneta para quadro branco e esponja para apagar.

Desenvolvimento:
➢ **Primeiro momento: trabalho coletivo com a sala**

O professor deve apresentar as parlendas aos alunos, iniciando o trabalho de forma coletiva, com a participação de todos, envolvendo assim o aluno com DI.

Para isso, deve declamar junto com os alunos as parlendas, ou seja, "cantar" as rimas com as crianças. Mesmo que o aluno com DI se comunique pouco ou tenha dificuldade na fala, ele estará escutando, observando como os colegas declamam as rimas, participando com os colegas. As parlendas devem ser exibidas em lousa digital ou vídeo em computador (no YouTube há vários vídeos que podem ser utilizados). Vou utilizar aqui como exemplo um vídeo curto, bem elaborado, motivador para as crianças: "Palavra cantada", Pot Pourri Parlendas (veja em https://youtu.be/cqp4N_Hqxvs).

Após ouvir e declamar as parlendas, o professor deve escolher uma para iniciar as atividades com os alunos. Utilizaremos "Corre, cutia". Se o aluno com DI for muito agitado, não conseguir ficar sentado e não se fixar nas atividades, então é hora de sair da sala e ir para o pátio sentar em roda com todos para declamar as parlendas. Se o professor não tiver o recurso da lousa digital ou computador, poderá ir direto para essa etapa sem prejuízo nenhum ao bom desenvolvimento da prática.

No pátio, o aluno ficará mais livre e irá interagir com os colegas. Assim, o professor começará a estabelecer um vínculo entre o brincar/aprender para o aluno DI, e, gradativamente, irá produzir uma rotina para esse aluno, pois ao retornar à sala irá propor atividades relacionadas ao tema vivenciado no pátio.

Ter um auxiliar acompanhando o professor nessa hora é importante para que juntos dividam a atenção com todas as crianças, e o professor fique mais próximo ao aluno DI, garantindo que tudo corra bem. Geralmente, quando o estudante com DI não possui autonomia para se alimentar, fazer sua higiene, se locomover no ambiente escolar, o professor possui um auxiliar (pedagógico ou não) em sala de aula.

O aluno não verbal também necessita de um auxiliar nas suas atividades cotidianas e pedagógicas e muitas vezes é preciso reduzir o seu tempo de permanência em sala, pois fica nervoso e agitado, necessitando de um olhar mais atento do professor para desenvolver as atividades em sala.

Se o professor não conhece bem o aluno e, por isso, fica inseguro de realizar atividade fora da sala de aula, pode fazer a roda dentro da sala mesmo, dividindo os estudantes em duas rodas e coordenando a atividade nos dois grupos com o auxiliar.

Ao experienciar atividades como brincar, correr, pular, rimar, os alunos aprendem de forma lúdica. Brincando com seus pares, o aluno com deficiência intelectual irá desenvolvendo vínculos com o professor, os colegas e o ambiente escolar, tornando-se cada vez mais envolvido nas atividades ao longo do tempo. Gradualmente, será possível estabelecer uma rotina de atividades, como brincar, explorar, ouvir, falar, ler e escrever, de acordo com o ritmo do aluno.

As atividades lúdicas e são importantes para o desenvolvimento psicológico e motor. Jogos, brinquedos e brincadeiras, assim como as interações entre os alunos, contribuem para a percepção de suas consciências individuais. Quando o professor trabalha com parlendas de forma lúdica e motivadora em sala de aula, engaja a todos os alunos e facilita a aprendizagem, principalmente do aluno com DI.

O professor deve estar receptivo a essas experiências. Em alguns momentos, será necessário lidar com tumultos, recuar rapidamente, enfrentar falhas e recomeçar diversas vezes. Deve-se ainda considerar que o aluno pode se recusar a voltar à sala. Porém, com o passar dos dias e semanas, essa interação vai se tornando mais fluida. O professor deve observar quais atividades despertam maior interesse no aluno e preparar o material e o espaço a serem utilizados com intenção, promovendo atividades como brincar, cantar, declamar, explorar etc., inclusive para o aluno não verbal.

> **Segundo momento: trabalhando a leitura/escrita na lousa digital**

Após declamar o "Corre, cutia" em roda, no pátio ou sala de aula, e apresentar na lousa digital a parlenda escolhida para que os alunos acompanhem a leitura, o professor deve, então, explicar o que são palavras que rimam, apontar as palavras novas e as palavras já conhecidas. Ele deve perguntar se os alunos conhecem o animal "cutia", se possuem animais domésticos, em qual ambiente a cutia vive etc. O aluno com DI também irá acompanhar todo esse processo, pois mesmo que seja um aluno não verbal, que ande pela sala, ele estará ouvindo, observando. Para ele, quanto mais colorido for o material apresentado e quanto mais imagens tiver, melhor.

Com a utilização da lousa digital como recurso, a aula fica mais interativa e motivadora, envolvendo todos os alunos, principalmente aquele com DI, uma vez que somente o papel e o lápis, em uma forma tradicional de ensinar, não geraria um maior envolvimento e interatividade. A lousa digital é um dispositivo tecnológico, como uma grande tela computador, sensível ao toque. Esse equipamento incorpora todas as funcionalidades de um computador, incluindo recursos multimídia, visualização de imagens e navegação na internet. É como um computador, proporcionando uma experiência otimizada com uma interface maior e superior.

São, portanto, atividades de letramento digital, definido como "um certo estado ou condição que adquirem os que se apropriam da nova tecnologia digital e exercem práticas de leitura e de escrita na tela, diferente do estado ou condição – do letramento – dos que exercem práticas de leitura e de escrita no papel" (Soares, 2002). Os letramentos digitais são "o fruto de uma ação social coletiva que gerou apropriações, amalgamentos e sínteses entre gêneros, linguagens e tecnologias até então vistas como coisas separadas" (Buzato, 2006).

Dessa forma, o texto já não possui um caráter único, fechado, podendo ser agora questionado, dialogado, relacionado. Seu caráter multi agora é hiper: hipertextos, hipermídias e afins. A aprendizagem também muda nesse contexto de multiletramentos, uma vez que não estamos mais presos à visão do autor que escreveu e podemos ser livres para interagir com outros textos, imagens e sons. Nessa perspectiva, os textos são interativos, colaborativos, transgressivos, híbridos e fronteiriços.

O professor pode criar seus próprios conteúdos. Partindo das parlendas, pode explorar os vários gêneros textuais, de acordo com o ritmo da sala e do aluno com DI. Também pode complementar com jogos educacionais e vídeos, disponíveis na lousa. Nessa sequência didática proposta, as atividades em lousa digital foram realizadas em PowerPoint para que os alunos pudessem cumpri-las, posteriormente completando as palavras com a caneta específica da lousa.

Figura 4 – Parlenda em lousa digital

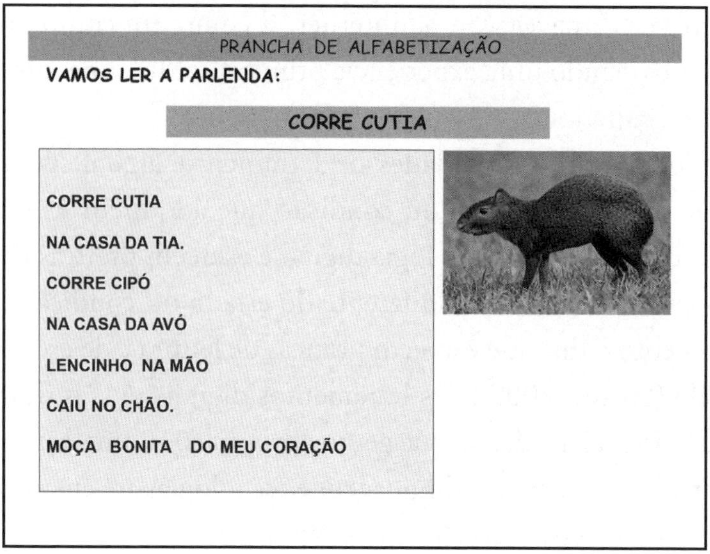

Fonte: Arquivo pessoal

As atividades em lousa digital também podem ser realizadas em Word, PDF, ou aplicativo que o professor julgar adequado.

Terminada a exploração do texto em lousa digital, o professor deve propor ao aluno com DI e aos demais as seguintes atividades:

- Texto lacunado;
- Completando as rimas;
- Completando os nomes dos animais (vogais);
- Formando palavras(sílabas);
- Completando frases;
- Caça-palavras;
- Reescrita da parlenda.

Figura 5 – Texto lacunado em lousa digital

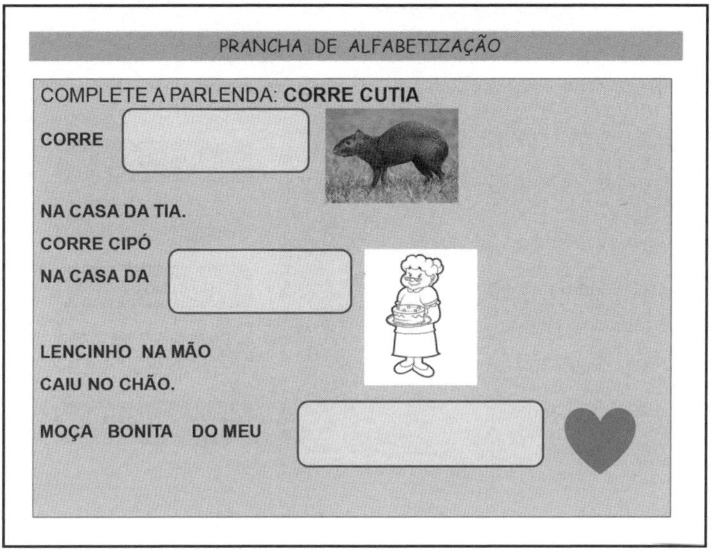

Fonte: Arquivo pessoal

Na atividade acima, o aluno deve colocar o nome das figuras usando a caneta específica para lousa digital. Nesse momento, o aluno com DI também será chamado para reconhecer as figuras do texto e, se não conseguir escrever a palavra, o professor irá trabalhar de forma individualizada em prancha plastificada, na qual o aluno será orientado a fixar por meio de velcro primeiramente as figuras e depois as palavras.

Figura 6 – Completar com palavras que rimam (lousa digital)

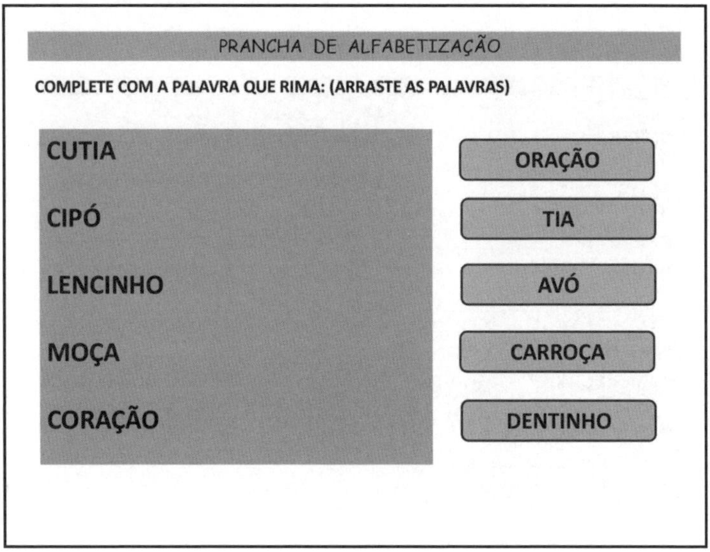

PRANCHA DE ALFABETIZAÇÃO

COMPLETE COM A PALAVRA QUE RIMA: (ARRASTE AS PALAVRAS)

CUTIA	ORAÇÃO
CIPÓ	TIA
LENCINHO	AVÓ
MOÇA	CARROÇA
CORAÇÃO	DENTINHO

Fonte: Arquivo pessoal

Aqui o aluno com DI deve arrastar as palavras da coluna da direita para as palavras encontradas na parlenda e com as quais fazem uma rima. O aluno DI não verbal pode ser auxiliado pelo professor. As rimas são excelentes para desenvolver nas crianças habilidades linguísticas iniciais, pois aumentam a consciência de ortografia e de fonemas (os sons que compõem as palavras).

Assim, praticar textos rimados, como as parlendas, em voz alta é motivador, divertido e ainda auxilia a criança a entender melhor os significados das palavras, a linguagem e a língua portuguesa.

Figura 7 – Completando palavras com vogais (lousa digital)

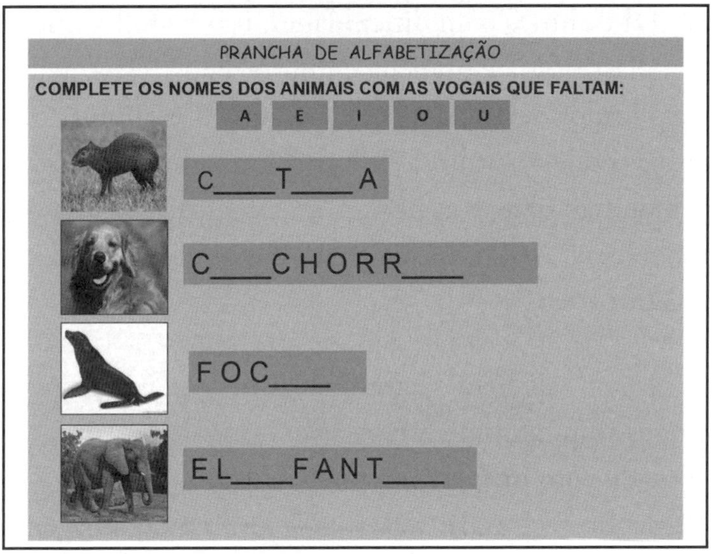

Fonte: Arquivo pessoal

Na atividade acima, o professor irá explorar oralmente com a sala os nomes dos animais, quais são domésticos e onde vive cada tipo deles. Em seguida, os alunos devem completar as vogais desses nomes com a caneta específica para a lousa. As imagens para confeccionar a prancha digital foram retiradas da internet – banco de imagens gratuito.

O aluno com DI, ao ser chamado à lousa, irá observar os animais. O professor deve se atentar a essa interação e verificar quais ele conhece. Então, deve orientar o aluno para que complete com as vogais uma das palavras. Isso só é possível por meio da realização anterior de um trabalho com o aluno DI, em que teriam sido realizadas atividades com seu próprio nome, alfabeto, vogais, sílabas, formação de palavras, leitura/escrita, para que nesse momento o aluno participe e dê significado à atividade apresentada.

Atividades que podem ser trabalhadas anteriormente com o aluno DI e alunos com dificuldades: uso de folha impressa, prancha plastificada e prancha emborrachada (esses materiais serão explicados detalhadamente a seguir). Os alunos com DI não verbais poderão utilizar, de forma individualizada, a sugestão de materiais abaixo e, posteriormente, usar a lousa digital com os colegas. Assim, participarão das atividades individual e coletivamente.

- Colagem (alfabeto e letras iniciais);
- Jogos com tampinhas (vogais);
- Ditado com imagens em prancha emborrachada;
- Parlenda "A casa e seu dono", utilizando imagens em prancha plastificada;
- Escrita de palavras em prancha plastificada.

Figura 8 – Formando palavras em lousa digital

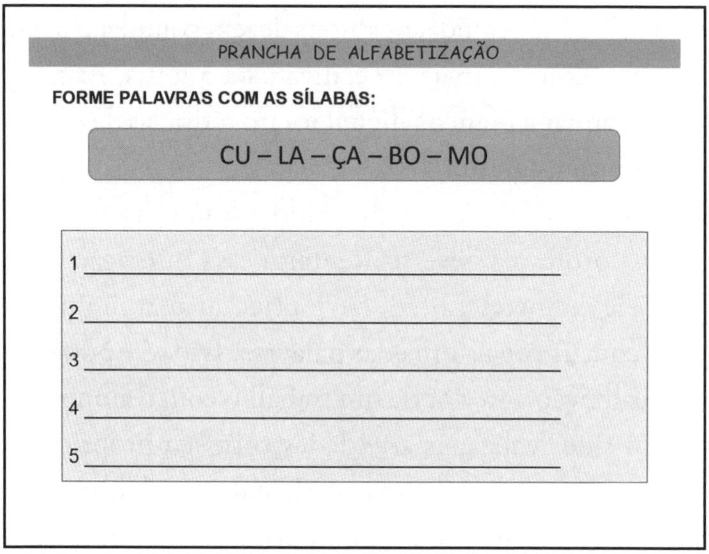

Fonte: Arquivo pessoal

Figura 9 – Completar frases em lousa digital

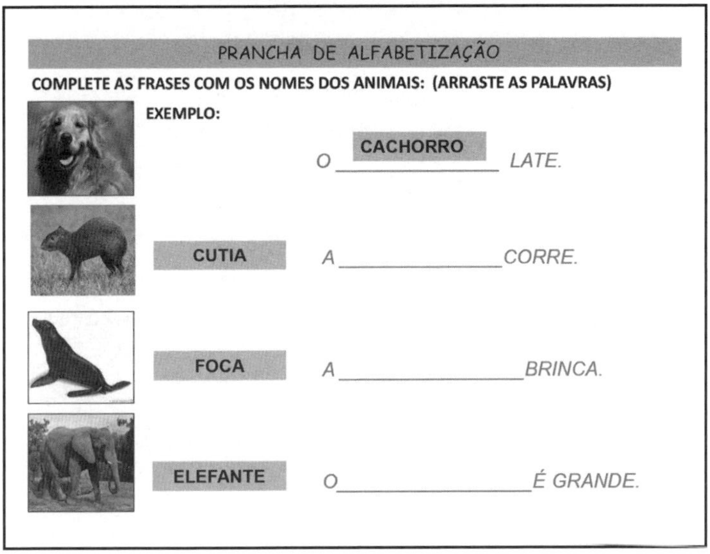

Fonte: Arquivo pessoal

Na formação de palavras, o aluno com DI deve escrever na lousa a palavra unindo as sílabas. Se não conseguir, o professor pode ser o escriba, até que o aluno reconheça as sílabas e escreva com autonomia. De toda forma, é importante essa participação e exploração dos sons das palavras.

Já na formação de frases, basta arrastar a palavra e associá-la à imagem. Nessa hora o apoio da imagem ajuda bastante o aluno DI. Mesmo o estudante sendo não verbal, com a mediação do professor, ele poderá participar das atividades.

Figura 10 – Caça-palavras em lousa digital

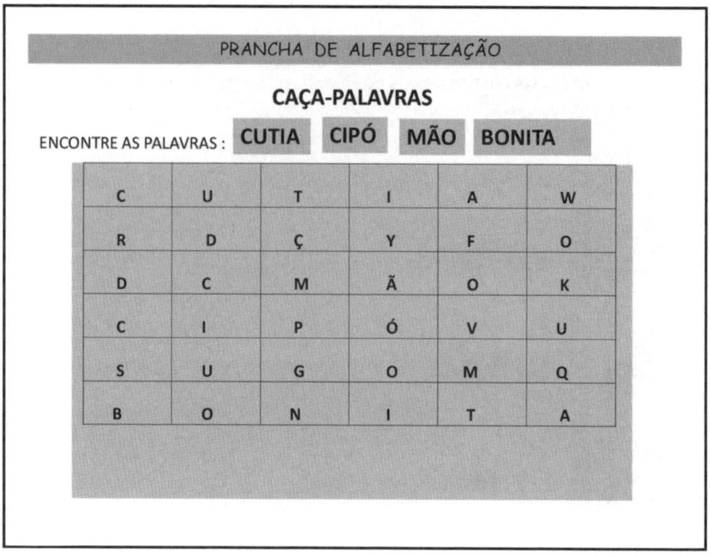

PRANCHA DE ALFABETIZAÇÃO

CAÇA-PALAVRAS

ENCONTRE AS PALAVRAS : **CUTIA** **CIPÓ** **MÃO** **BONITA**

C	U	T	I	A	W
R	D	Ç	Y	F	O
D	C	M	Ã	O	K
C	I	P	Ó	V	U
S	U	G	O	M	Q
B	O	N	I	T	A

Fonte: Arquivo pessoal

O caça-palavras ajuda na reflexão, memorização e ortografia, além de aumentar o vocabulário dos alunos, que são desafiados a procurar e compreender palavras novas. Essa atividade associa conhecimento à brincadeira, atraindo a atenção dos alunos, principalmente aquele com DI, que no início pode precisar de auxílio se sentir dificuldade, mas com o tempo irá se envolver e se divertir com a atividade.

Após realizar o caça-palavras, é hora dos alunos realizarem a reescrita da parlenda (produção de texto). Eles deverão colocar novas rimas e elaborar um novo texto. Já o aluno com DI poderá usar a prancha plastificada para essa tarefa, partindo do texto lacunado e posteriormente realizar a escrita no caderno ou folha. Se o aluno ainda não tem a coordenação motora para a escrita, poderá realizar a colagem das palavras, trocando as rimas com auxílio do professor, para criar o seu texto em folha impressa.

Essa aprendizagem em espiral irá do aspecto amplo para o específico, ou seja, irá do texto para a palavra, para a sílaba, para as letras, e voltará ao todo na reescrita. O objetivo é que quando o aluno fizer a reescrita da parlenda trocando as rimas, retorne ao todo e seja capaz de fazer suas observações e representações diferentes do que havia feito anteriormente.

> **Terceiro momento: trabalhando leitura/escrita com a prancha plastificada**

O professor deve imprimir, com o máximo de cor possível, as atividades trabalhadas na lousa digital ou computador e plastificar para as usar individualmente com o aluno com DI. Essa prancha também pode ser utilizada com alunos que possuem dificuldades de aprendizagem. É a chamada prancha plastificada. Para atividades específicas citadas anteriormente, o velcro deve ser fixado com cola quente. Por meio dessas pranchas, assim, o aluno com DI poderá colocar letras, palavras, frases, figuras.

As atividades estruturadas (plastificadas) podem ser arquivadas em pasta para que o professor utilize-as como recurso quantas vezes precisar, até que o aluno tenha autonomia, compreenda a escrita e comece a utilizar o caderno ou folha para registrar as atividades.

Se o professor não possuir o recurso da lousa digital, poderá utilizar somente o recurso da prancha plastificada para auxiliar na alfabetização do aluno com DI, confeccionando os materiais de acordo com a necessidade do aluno.

O aluno não verbal pode colar com velcro as palavras e frases, de acordo com as imagens, após o professor trabalhar a parlenda. Dessa forma, o aluno vai aprofundando seus conhecimentos gradativamente. Primeiro, utiliza a prancha, depois a caneta de quadro branco e em seguida registra no caderno.

Figura 11 – Completando palavras e frases em prancha plastificada

Fonte: Arquivo pessoal

De acordo com a necessidade do aluno com DI, o professor pode criar atividades diversificadas, com qualquer conteúdo, e escolher o melhor meio de aplicar. Poderá usar o meio digital ou as pranchas plastificadas, estimulando a leitura e escrita através dos diversos gêneros textuais.

Agora é sua vez!

Crie uma atividade em lousa digital ou prancha plastificada a partir da parlenda aqui apresentada. Após aplicar a atividades com os alunos, reflita:

a. Proporcionei a participação de todos?
b. Quais foram as aprendizagens desenvolvidas pelos alunos?
c. Se aconteceu algo imprevisto, o que dificultou o bom andamento da atividade?
d. O que devo modificar ou redefinir para melhorar a aprendizagem dos alunos?
e. Quais foram os pontos positivos desta atividade?

PARLENDA "UM, DOIS, FEIJÃO COM ARROZ"

Objetivo geral:

Desenvolver os conceitos de números e quantidade, sequência numérica, oralidade, leitura/escrita, alimentação saudável.

Objetivos específicos:

Desenvolver a oralidade, leitura/escrita, hábitos saudáveis de alimentação, contagem, sequência numérica, relacionar o número à quantidade.

Conteúdos:

Matemática, Língua Portuguesa, Ciências e Arte.

Público-alvo:

Alunos do 1º e 2º ano do ensino fundamental.

Tempo estimado:

Três semanas.

Material necessário:

Folha emborrachada, velcro, cola para emborrachados, tampinhas de garrafa, papel-cartão, caneta, lousa digital ou computador, folha impressa ou material plastificado.

Desenvolvimento:

➢ **Primeiro momento: trabalhando leitura/escrita e contagem**

Ainda utilizando o vídeo "Palavra cantada" (https://youtu. be/cqp4N_Hqxvs), o professor deve declamar com os alunos a parlenda "Um, dois, feijão com arroz". Depois de apresentar a parlenda no vídeo, deve realizar as seguintes atividades:

Escrever a parlenda com lacunas para os números 1, 2, 9 e 10 ("__, __, feijão com arroz; 3, 4, feijão no prato; 5, 6, falar inglês; 7, 8, comer biscoito; __, __, comer pastéis") e imprimir em prancha emborrachada. Juntar 10 tampinhas de garrafa ou círculos emborrachados e escrever os números de 1 a 10 nelas. Pedir ao aluno com DI completar as lacunas com as tampinhas correspondentes, no caso os números 1, 2, 9 e 10.

A prancha emborrachada é um recurso barato e fácil de aplicar com os alunos, principalmente com aqueles com deficiência intelectual. São atividades impressas e coladas em folha emborrachada, conhecida como EVA.

Após trabalhar contagem e números de 1 a 10, realizar com os alunos o texto fatiado. Imprimir em partes para que o aluno recorte e coloque na ordem correta no caderno. Para o aluno com DI, confeccionar a atividade em prancha emborrachada e velcro para que ele possa ordenar as frases – assim o professor pode utilizar várias vezes caso o aluno possua dificuldade na escrita. O aluno não verbal se beneficia bastante das atividades de completar.

O texto fatiado também pode ser trabalhado na lousa digital ou computador e posteriormente na prancha emborrachada.

> **Segundo momento: trabalhando sequência numérica, quantidades e adições**

Agora vamos retomar a parlenda com os alunos para trabalhar a sequência numérica através do calendário impresso em papel (explorar os dias da semana, mês, ano). Em sala de aula, fixar o calendário em prancha emborrachada, para que o aluno com DI e os demais completem a cada dia, observem a passagem do tempo e a sequência numérica.

Figura 12 – Calendário com números fixados com velcro (prancha emborrachada)

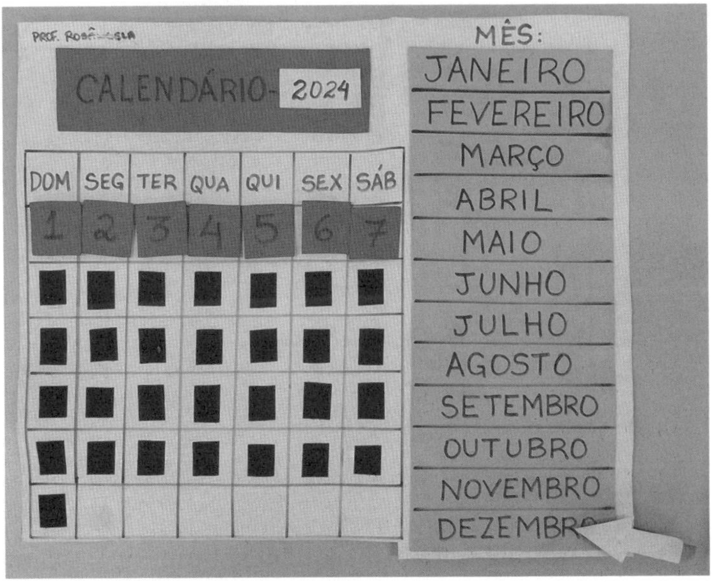

Fonte: Arquivo pessoal

Levar para a sala de aula o jogo do calendário. É preciso confeccionar em prancha emborrachada (EVA) ou papel-cartão, fixando o calendário que foi impresso em papel. Para completar as datas que faltam, orientar o aluno com DI para usar as tampinhas de garrafa com sequência de 1 a 10.

As tampinhas também podem ser utilizadas para que o aluno com DI realize adições simples através, por exemplo, da contagem de quantidades que aparecem em desenhos, como as faces dos dados (aqueles de jogar), inserindo a tampinha correspondente ao resultado da soma na frente da conta proposta.

Figura 13 – Soma usando desenho e tampinhas com números

Fonte: Arquivo pessoal

O professor pode trabalhar sequência numérica, calendário e operações matemáticas utilizando também as pranchas plastificadas. Alunos não verbais e com Transtorno do Espectro

Autista (TEA) que possuem dificuldades na leitura/escrita também são beneficiados com as pranchas emborrachadas e plastificadas, pois em sala de aula é criada uma rotina que auxilia muito na aprendizagem.

O material deve ser colorido, bem impresso e usado de acordo com o planejamento do professor. E conforme o aluno avança na aprendizagem, novas atividades podem ser criadas e colocadas em uso em sala de aula. O aluno com DI utiliza primeiramente as pranchas, depois passa a registrar as atividades no caderno e, quando possuir autonomia, irá escrever sem auxílio.

> **Terceiro momento: contação de história " A cesta de dona Maricota"**

Como a parlenda cita alimentos, é possível explorar com os alunos hábitos saudáveis de alimentação através da contação de história "A cesta de dona Maricota", de Tatiana Belinky, disponível em livro físico e também em vídeo (veja em https://youtu.be/UHFlkMD6XzI). Deve-se relacionar com os alimentos que são citados na parlenda e perguntar aos alunos sobre quais alimentos que aparecem na história eles gostam, quais não comem e por que, quais as frutas prediletas, se gostam de sopa etc.

Após a conversa, em lousa digital ou mesmo em folha impressa, apresentar a pirâmide alimentar, destacando a importância de cada grupo de alimentos para a nossa saúde. Um vídeo sobre o assunto também pode ser usado.

Figura 14 – Pirâmide alimentar

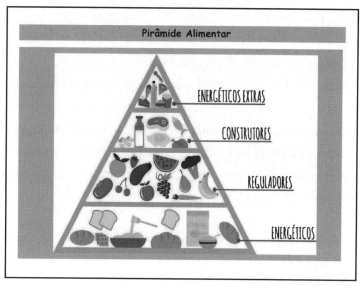

Fonte: Arquivo pessoal

Depois de observar a pirâmide alimentar, fazer levantamento e votação das frutas prediletas dos alunos. A partir desse levantamento, selecionar as quatro frutas mais votadas para que o aluno elabore um gráfico de colunas em seu caderno de acordo com as quantidades escolhidas de cada uma.

O aluno com DI irá usar as tampinhas de garrafa para especificar as quantidades das frutas de acordo com o gráfico, em folha impressa ou prancha plastificada. O professor também pode colocar em lousa digital.

Figura 15 – Gráfico das frutas prediletas da sala

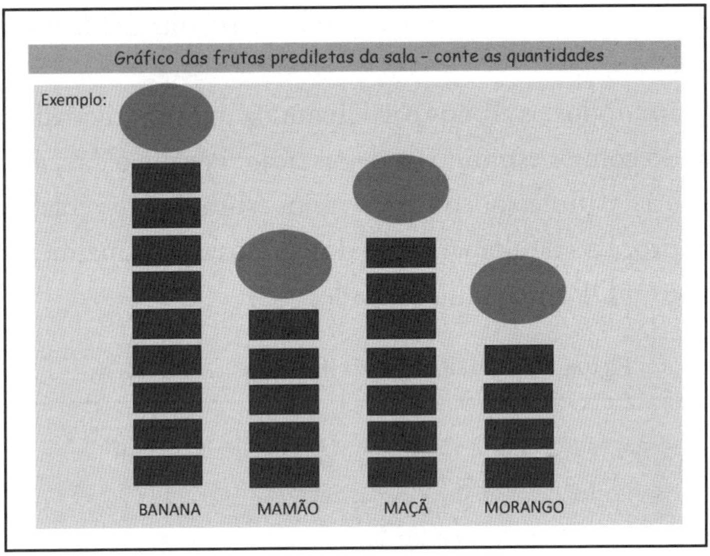

Fonte: Arquivo pessoal

Após finalizar o gráfico, o professor pode realizar com os alunos uma deliciosa salada de frutas. No entanto, deve pedir no dia anterior para os alunos levarem as frutas mais votadas e, então, levar as crianças para o espaço do lanche a fim de lavar as frutas. O professor deverá descascar e picar as frutas e colocar mel, para que todos possam degustar. Essas vivências são muito importantes para os alunos, principalmente para aqueles com deficiência intelectual.

➢ **Quarto momento: finalizando com a escrita da receita**

Os alunos devem sentar-se em duplas e escrever uma receita (produção de texto), colocando os nomes das frutas utilizadas e o modo de preparo da salada de frutas. O professor pode auxiliar se houver dúvidas.

O aluno com DI fará sua receita também em dupla, usando folha impressa ou caderno e colando as figuras das frutas retiradas de revistas.

Assim, todos os alunos participam da mesma atividade, culminando com os estímulo da degustação. Por meio da contação de história, o professor consegue vários estímulos que colaboram para o processo de alfabetização dos alunos e principalmente do aluno com DI ou com dificuldades.

Figura 16 – Receita "Salada de frutas" com imagens

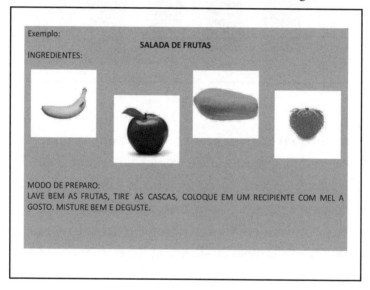

Fonte: Arquivo pessoal

Agora é só degustar a salada de frutas e finalizar as atividades de maneira prazerosa, estimulando nos alunos os hábitos de uma alimentação saudável.

> **Agora é sua vez!**
>
> Pense em outra atividade para finalizar a parlenda "Um, dois, feijão com arroz".
>
> a. Pode ser outra receita que envolva frutas.
> b. Pode ser uma brincadeira no pátio que retome de forma diferente a parlenda e finalize a atividade.
> c. Todos os alunos devem estar envolvidos.
> d. Não esqueça de registrar todos os passos das atividades desenvolvidas em um relatório semanal, para retomar se for preciso.
> e. Registre com fotos se puder.

CONTAÇÃO DE HISTÓRIA: "CHAPEUZINHO AMARELO"

Objetivo geral:

Desenvolver a leitura, a escrita, a interpretação de texto e o gosto pela arte.

Objetivos específicos:

Desenvolver oralidade, leitura/escrita e interpretação de texto, trabalho coletivo e individual através da arte.

Conteúdo:

Língua Portuguesa e Arte.

Público-alvo:

Alunos do 1º e 2º ano do ensino fundamental.

Tempo estimado:
Uma semana.

Material necessário:
Lousa digital ou computador, folha impressa, imagens do texto, caderno de desenho, lápis para colorir, livro impresso *Chapeuzinho Amarelo* (de Chico Buarque, 2019) ou audiolivro.

Desenvolvimento:

➢ **Primeiro momento**: **apresentando o conto "Chapeuzinho Amarelo"**

Apresentar aos alunos o conto "Chapeuzinho Amarelo", em livro físico ou audiolivro (ouça em https://youtu.be/YHYjPELsNn8). Atente para o fato de que quando trabalhamos com alunos de inclusão, as intervenções não podem ser demoradas, é preciso um vídeo curto, porém motivador, e que consiga trazer toda a história sem cortes.

O professor pode trabalhar também com o livro impresso no cantinho da leitura, explorando a oralidade dos alunos e destacando a capa, autor, ilustrações, as rimas do texto, palavras novas, personagens, quais medos os alunos possuem etc, retomando as partes mais relevantes para que o aluno com DI compreenda toda a história (começo, meio e fim) e participe ativamente da interação.

➢ **Segundo momento: dramatização da história**

Chamar algumas duplas de alunos para dramatizar o final da história, quando o lobo grita seu nome várias vezes e a Chapeuzinho dá risada e transforma o lobo em bolo. Convidar o aluno com DI para participar com os colegas. Mesmo que ele não queira fazer a dramatização, estará observando, participando com seus pares.

Após a dramatização, apresentar um outro trecho do livro para a leitura coletiva e interpretação em lousa digital.

Figura 17 – Trecho do texto para leitura coletiva (lousa digital)

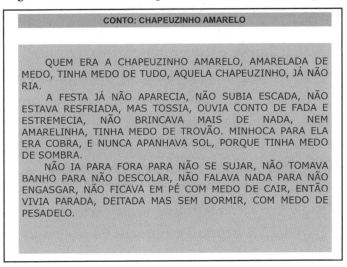

Fonte: Arquivo pessoal (baseado em Buarque, 2019)

Figura 18 – Interpretação de texto (lousa digital)

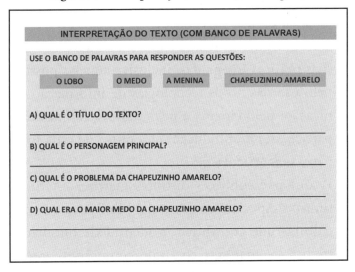

Fonte: Arquivo pessoal

Conforme já mencionado, segundo a BNCC, no ensino fundamental, "o componente curricular Arte está centrado nas seguintes linguagens: as artes visuais, a dança, a música e o teatro. Essas linguagens articulam saberes referentes a produtos e fenômenos artísticos e envolvem as práticas de criar, ler, produzir, construir, exteriorizar e refletir sobre formas artísticas. A sensibilidade, a intuição, o pensamento, as emoções e as subjetividades se manifestam como formas de expressão no processo de aprendizagem em Arte" (Brasil, 2018).

O componente curricular de Arte visa ao desenvolvimento de competências específicas pelos alunos. São elas:

1. Explorar, conhecer, fruir e analisar criticamente práticas e produções artísticas e culturais do seu entorno social, dos povos indígenas, das comunidades tradicionais brasileiras e de diversas sociedades, em distintos tempos e espaços, para reconhecer a arte como um fenômeno cultural, histórico, social e sensível a diferentes contextos e dialogar com as diversidades.

2. Compreender as relações entre as linguagens da Arte e suas práticas integradas, inclusive aquelas possibilitadas pelo uso das novas tecnologias de informação e comunicação, pelo cinema e pelo audiovisual, nas condições particulares de produção, na prática de cada linguagem e nas suas articulações.

3. Pesquisar e conhecer distintas matrizes estéticas e culturais – especialmente aquelas manifestas na arte e nas culturas que constituem a identidade brasileira –, sua tradição e manifestações contemporâneas, reelaborando-as nas criações em Arte.

4. Experienciar a ludicidade, a percepção, a expressividade e a imaginação, ressignificando espaços da escola e de fora dela no âmbito da Arte.
5. Mobilizar recursos tecnológicos como formas de registro, pesquisa e criação artística.
6. Estabelecer relações entre arte, mídia, mercado e consumo, compreendendo, de forma crítica e problematizadora, modos de produção e de circulação da arte na sociedade.
7. Problematizar questões políticas, sociais, econômicas, científicas, tecnológicas e culturais, por meio de exercícios, produções, intervenções e apresentações artísticas.
8. Desenvolver a autonomia, a crítica, a autoria e o trabalho coletivo e colaborativo nas artes.
9. Analisar e valorizar o patrimônio artístico nacional e internacional, material e imaterial, com suas histórias e diferentes visões de mundo. (Brasil, 2018)

Ao possibilitar o acesso à leitura, à criação e à produção nas diversas linguagens artísticas, o componente Arte contribui para o desenvolvimento de habilidades relacionadas tanto à linguagem verbal quanto às linguagens não verbais. Portanto, através da dramatização, o aluno com DI irá vivenciar o trecho final da história, dando significado à leitura e se expressando artisticamente, além de participar coletivamente com seus pares.

> **Terceiro momento: reescrita do final do texto**

Após a leitura e interpretação do texto, os alunos deverão fazer a reescrita do trecho dramatizado em sala de aula por meio de uma história em quadrinhos – em folha impressa ou caderno de desenho em que os quadrinhos vazios já estejam delimitados, conforme imagem abaixo. Para tanto, o professor deve explicar o que são as histórias em quadrinhos e como se dá o uso sequencial das imagens na narrativa.

Figura 19 – Reescrita do texto em quadrinhos

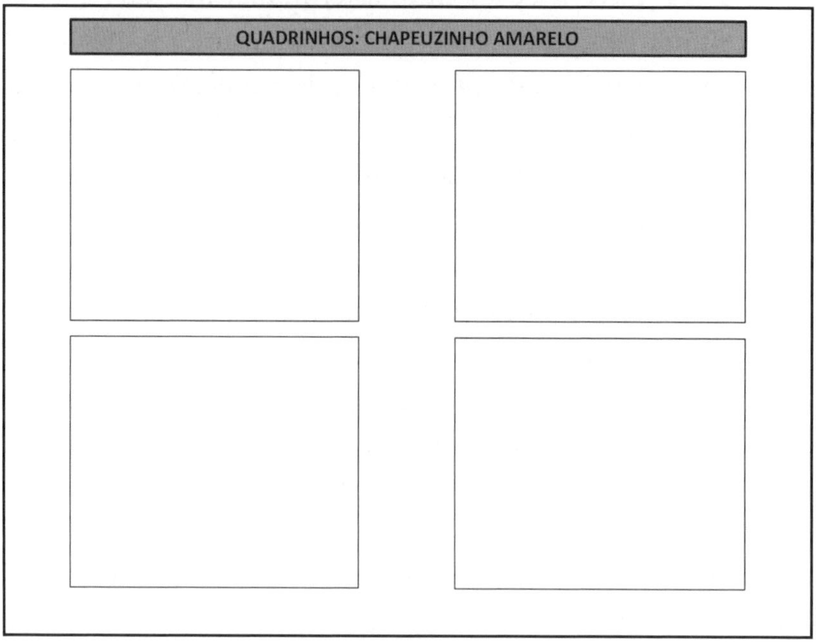

QUADRINHOS: CHAPEUZINHO AMARELO

Fonte: Arquivo pessoal

Para o aluno com DI, o professor deve imprimir imagens relacionadas à história e pedir que as coloque na ordem correta para realizar a reescrita do texto através de recorte e colagem. Também pode ser realizado em folha impressa, prancha emborrachada ou caderno de desenho, com as ilustrações do próprio aluno.

A partir reescrita do texto, realizada através de recorte e colagem de imagens, o professor pode trabalhar também com palavras-chave do texto, formação de novas palavras, frases e escrita de partes do texto, utilizando alfabeto móvel, prancha plastificada, prancha emborrachada ou o próprio caderno de desenho do aluno.

O uso de múltiplas linguagens – textos escritos, orais, visuais, iconográficos e imagéticos – pode auxiliar a criança a adquirir as habilidades necessárias para ler, entender e escrever.

O ambiente escolar deve criar momentos, atividades, ações e projetos que proporcionem ao aluno o contato com uma grande diversidade de gêneros orais e escritos, tais como: cartas pessoais, bilhetes, diários, e-mails pessoais, listas de compras, fábulas, contos, lendas da tradição oral, peças teatrais, poemas, romances, crônicas, contos de fadas, poemas de cordel, notícias, reportagens, anúncios publicitários, charges, piadas, histórias em quadrinhos, trava-línguas etc.

Agora é sua vez!

Trabalhe os medos das crianças através da arte:

a. Solicite que os alunos comentem sobre os medos que já tiveram e agora já superaram.

b. Peça que desenhem no papel sulfite um monstro que represente seus medos, com o título "Meu monstro era assim". O aluno não verbal pode realizar a colagem de recortes de revistas para fazer seu monstro ou desenhar também.

c. No final da atividade, chame os todos os alunos para mostrarem seus monstros para os colegas na frente da sala. O aluno irá perceber que os monstros podem ser divertidos, coloridos e não metem medo em ninguém. A sala ficará envolvida e, através da arte, os alunos irão expressar suas emoções.

d. Exponha em sala de aula a atividade desenvolvida pelas crianças.

TRABALHANDO COM FÁBULAS

Objetivo geral:
Desenvolver leitura, escrita, interpretação de texto, raciocínio lógico, arte.

Objetivos específicos:
Desenvolver oralidade, leitura/escrita e interpretação de texto, trabalho em duplas e individual.

Conteúdos:
Língua Portuguesa, Matemática, Ciências, Arte.

Público-alvo:
Alunos do 2º e 3º ano do ensino fundamental.

Tempo estimado:
Uma semana.

Material necessário:
Lousa digital ou computador, folha impressa, imagens do texto, lápis para colorir, tesoura, livro impresso *Turma da Mônica: fábulas inesquecíveis.*, de Mauricio de Sousa.

Desenvolvimento:
➢ **Primeiro momento**: **roda de leitura e reescrita do texto**

Na roda de leitura, o professor deve explorar com os alunos o livro impresso *Turma da Mônica: fábulas inesquecíveis*, abordando capa, autor, personagens etc. A fábula a ser trabalhada é "A cigarra e a formiga" (veja em https://www.youtube.com/watch?v=ocHOzZvdS1Y).

Após leitura da fábula com os alunos, o professor deve propor a reescrita em forma de quadrinhos, em folha impressa e em duplas. Assim, o aluno com DI terá a oportunidade de participar, escrever, desenhar, colorir, de acordo com as suas possibilidades.

O professor também pode auxiliar o aluno usando alfabeto móvel, assim como o colega de dupla também pode fazer a parte escrita e o aluno com DI faz a parte de desenhar e colorir. O gênero *história em quadrinhos* deve ter sido apresentado e trabalhado anteriormente, como observamos na atividade da parlenda, para que agora comecem a usar os balões de fala e possam também escrever, registrando o começo, meio e fim da fábula. Retomando esse gênero, o professor irá explicar o uso dos balões, aprofundando os conhecimentos de leitura e escrita sobre histórias em quadrinhos. As imagens ilustrativas de material impresso podem ser retiradas do banco de imagens da internet, como no exemplo a seguir.

Figura 20 – História em quadrinhos

Fonte: Arquivo pessoal

➢ Segundo momento: jogos de tabuleiros em prancha emborrachada

Através dos jogos de tabuleiros, o professor pode trabalhar em grupos raciocínio lógico, números, regras, os animais invertebrados. Também podem ser realizados, a partir da fábula, jogo da memória, quebra-cabeça, dominó etc. O aluno com DI aprende com seus pares, participando ativamente e de forma lúdica das atividades de sala.

➢ Terceiro momento: Arte – recorte e colagem (Tangram)

O professor deve apresentar aos alunos (em lousa digital ou computador) um vídeo sobre a lenda do Tangram e as sete peças mágicas (veja em https://www.youtube.com/watch?v=I-RxCw_QdV0).

Posteriormente, em duplas, os alunos devem recortar e colar as formas geométricas formando figuras concretas, como animais. O professor pode auxiliar o aluno com DI no recorte se ele ainda não conseguir usar a tesoura. Para isso, o professor apresenta exemplos de composição de figuras usando as sete peças mágicas do Tangram, em folha impressa ou lousa digital, para que os alunos escolham e realizem o recorte e a colagem em sulfite.

Figura 21 – Tangram

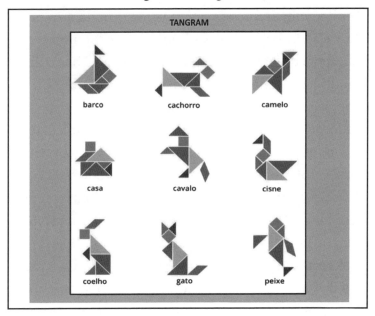

Fonte: Arquivo pessoal

O professor irá recortar as colagens realizadas pelos alunos, fixar as atividades em papel-cartão preto e expor no pátio externo. O tema segue sendo animais de acordo com as fábulas.

O recortar e colar é importante para desenvolver a coordenação motora, a atenção e o gosto pelos trabalhos com arte, principalmente para os alunos com DI ou dificuldades de aprendizagem.

➢ **Quarto momento: jornal das fábulas**

Para finalizar as atividades de leitura/escrita, as fábulas trabalhadas agora serão "O leão e o rato" e "A cigarra e a formiga", do mesmo livro da Turma da Mônica. A partir dessas fábulas, o professor irá trabalhar notícias de jornal através de imagens impressas em folha de sulfite.

Com os alunos (em duplas), o professor irá levar para sala de aula uma folha impressa com uma imagem do leão preso na rede do caçador, da fábula "O leão e o rato", e uma segunda imagem, agora da fábula "A cigarra e a formiga". Abaixo das duas imagens deve haver linhas em branco para os alunos escreverem uma notícia relacionada a cada imagem.

Esse jornalzinho impresso pelo professor, completado pelos alunos com os textos das notícias, também deverá conter passatempos. O professor pode imprimir alguns (podem ser cruzadinhas e caça-palavras) ao lado das imagens das fábulas ou mesmo em outra folha. Assim, totalizam quatro atividades, sendo duas de escrita de notícias e duas de passatempos.

Dessa forma, é possível envolver o aluno com DI e todos da sala. No desenvolvimento da leitura e da escrita, cada um tem seu ritmo próprio e, para auxiliar o aluno com DI, ele pode colorir enquanto outro aluno pode escrever. O professor pode ser também o escriba do aluno com DI e auxiliá-lo nos passatempos.

Agora é sua vez! Crie uma outra sequência didática, agora utilizando fábula "A raposa e as uvas".

a. Procure elaborar atividades interdisciplinares.

b. Utilize jogos em prancha emborrachada e estratégias diversificadas.

c. Siga um planejamento preestabelecido.

d. Procure trabalhar as habilidades dos alunos, mas não esqueça das dificuldades deles e das interações personalizadas que serão necessárias para aqueles com deficiência intelectual.

PARA COLOCAR EM PRÁTICA 2: JOGOS E ATIVIDADES

A seguir, apresento jogos e brincadeiras eficientes para desenvolver a aprendizagem do aluno com DI. É através do lúdico que o aluno se concentra, desenvolve o raciocínio lógico, coordenação motora, regras, limites, trabalho em grupo etc.

JOGOS NO COMPUTADOR

A gamificação em sala de aula pode ser mais um recurso para o professor utilizar para alfabetizar e letrar os alunos, principalmente os estudantes com DI e dificuldades de aprendizagem.

Gamificação na sala de aula refere-se à utilização de jogos no ambiente de aprendizagem, não sendo necessariamente tecnológicos, para auxiliar nos objetivos de ensino.

Realizar desafios, socializar e trabalhar por pontos são elementos que podem ser aplicados por meio de jogos, visando ao aprendizado com engajamento e criatividade, já que o aluno pode criar seu próprio jogo individualmente ou em grupo.

Para tanto, é necessário o uso de estratégias que prendam a atenção dos alunos. Nesse cenário, a multimodalidade pode contribuir muito através das tecnologias contemporâneas, como vídeos, *podcasts*, imagens, jogos interativos, entre outros, motivando os alunos na construção da sua aprendizagem.

As possibilidades de interação, multimodal ou não, são variadas. Os alunos podem ser estimulados a criar jogos ou atividades "gamificadas" que possibilitem o aprendizado de novos conteúdos ou simplesmente para aprofundar seus conhecimentos.

A formação de professores com capacidade para lidar com as novas tecnologias, cada vez mais necessárias em sala de aula, se faz necessária, pois cada vez mais terão que utilizar tecnologias e recursos digitais. E esses recursos se renovam a cada momento, fazendo com que seja necessária uma contínua preparação dos docentes para lidarem com novas linguagens, recursos digitais e linguagem dos alunos, e assim poderem conduzir melhor o ambiente de aprendizagem.

A seguir, apresento alguns jogos que podem ser utilizados em salas de alfabetização com alunos DI.

Na imagem a seguir, alunos do terceiro ano do ensino fundamental I utilizam jogos educacionais disponíveis no site *Escola Games | Jogos educativos*. Outros sites de jogos educativos que também podem ser utilizados, de acordo com o planejamento e objetivo do professor, são: *Iguinho, Smart Kids, Wordwall, Racha Cuca*, entre outros. Há ainda canais do YouTube com vídeos, músicas e histórias, recursos que podem ser utilizados para fins pedagógicos, sempre com o cuidado do professor em relação aos conteúdos, que devem estar de acordo com o planejamento de aula e faixa etária dos alunos.

Figura 22 – Alunos participando de jogos educacionais digitais

Fonte: Arquivo pessoal

JOGOS E ATIVIDADES PEDAGÓGICAS EM LOUSA DIGITAL

A lousa digital é um recurso que o professor pode e deve usar para aprimorar a aprendizagem dos alunos, principalmente alunos com DI. É um importante instrumento para usar jogos a fim de favorecer a aprendizagem. Os jogos de alfabetização em lousa digital são recursos dinâmicos, diversificados e interativos. São extremamente eficazes para alunos com DI, pois proporcionam um ambiente de aprendizado lúdico e adaptado às suas necessidades. Ao promover a prática constante e a personalização do ensino, esses jogos ajudam a desenvolver habilidades essenciais de leitura e escrita de forma inclusiva e motivadora. Existem várias plataformas on-line de recursos educacionais que oferecem jogos e atividades interativas gratuitas como *Wordwall, Escola Games, Noas* etc.

Figura 23 – Jogo em lousa digital

Fonte: Arquivo pessoal

As principais razões do uso da lousa digital em sala de aula são:

- **Estimulação multissensorial:** as lousas digitais permitem que os alunos interajam com conteúdo de maneira visual, auditiva e tátil, o que favorece a aprendizagem multissensorial. Isso é particularmente importante para alunos com DI, que podem ter diferentes formas de processar informações.

PARA COLOCAR EM PRÁTICA 2

- **Personalização do ensino:** a lousa digital permite também a personalização do ensino de acordo com o ritmo e as necessidades de cada aluno. Dessa forma, o professor pode ajustar o conteúdo, o tempo de exposição, as interações e os recursos, criando uma abordagem individualizada, fundamental para o desenvolvimento de alunos com DI.
- **Interatividade e engajamento:** alunos com DI se beneficiam de abordagens que tornam o aprendizado mais envolvente e dinâmico. A interatividade proporcionada pela lousa digital (como clicar, arrastar, desenhar) mantém o aluno com DI interessado e motivado, incentivando sua participação ativa.
- **Facilidade de acessibilidade:** a lousa digital oferece recursos de acessibilidade, como aumento de contraste, legendas, leitura em voz alta e outras ferramentas que auxiliam alunos com DI a compreender melhor o conteúdo. Tal fato é especialmente útil para aqueles com dificuldades cognitivas, visuais ou auditivas, proporcionando um ambiente inclusivo.
- **Desenvolvimento de habilidades tecnológicas:** o uso da lousa digital contribui para o desenvolvimento de habilidades tecnológicas, que são essenciais na sociedade moderna. Alunos com DI podem adquirir competências que os ajudem a interagir melhor com o mundo digital, ampliando suas oportunidades no futuro.
- **Promoção da autonomia:** ao utilizar a lousa digital, os alunos podem explorar atividades de forma independente, dentro das suas capacidades, e isso promove a autonomia, permitindo que eles tomem decisões sobre como

interagir com o conteúdo, ajudando no fortalecimento da autoestima e da confiança em suas habilidades.

- **Facilidade de inclusão no ambiente escolar:** a lousa digital cria um ambiente inclusivo, pois pode ser utilizada de forma adaptada para alunos com DI, favorecendo a interação com os colegas e a participação nas atividades escolares, de maneira mais equitativa.

A seguir alguns exemplos de jogos de alfabetização em lousa digital que o professor pode utilizar em sala de aula:

1 – Jogo da formação de palavras

Esse tipo de jogo é ideal para ensinar a formação de palavras a partir de letras, um passo importante na alfabetização. O aluno pode arranjar as letras em uma sequência para formar palavras simples.

Como funciona:

- O jogo apresenta uma palavra incompleta, por exemplo, "DA ___O", e o aluno precisa preencher as lacunas com letras corretas para formar a palavra "DADO".
- As letras para completar a palavra são exibidas em barra ao lado da tela, e o aluno arrasta-as para os espaços em branco.
- O jogo pode dar o *feedback* imediato (como sons de aplausos ou vibrações) quando o aluno acerta.

Por que é bom para os alunos com DI:

- Ajuda a trabalhar a associação entre as letras e os sons.
- O jogo pode ser feito de forma progressiva, começando com palavras curtas e simples, aumentando a complexidade à medida que o aluno avança.
- A gratificação é imediata (*feedback* positivo), mantém a motivação e incentiva o aprendizado.

2 – Jogo das sílabas

A segmentação das palavras em sílabas é essencial para o processo de alfabetização. Os jogos com sílabas permitem que o aluno perceba as partes que formam as palavras.

Como funciona:

- O aluno vê uma palavra como "BOLA" dividida em sílabas (BO – LA) e deve arranjar as partes na ordem correta.
- Em outra versão, o aluno escuta uma palavra e deve selecionar a divisão silábica correta entre as opções apresentadas.

Por que é bom para alunos com DI:

- A segmentação da palavra em sílabas facilita a compreensão das estruturas das palavras.
- Permite que o aluno entenda o ritmo e a construção das palavras, melhorando a leitura e a escrita.
- Pode ser adaptado de acordo com o nível de desenvolvimento do aluno, oferecendo desafios adequados à sua evolução.

3 – Jogo de rimas e sons

Esse jogo foca na identificação de sons e rimas, que são fundamentais para a compreensão fonológica da língua. Ele pode ajudar os alunos a compreender como as palavras podem ter sons similares, o que facilita a leitura e escrita.

Como funciona:

- O aluno ouve uma palavra e deve escolher outra palavra que rime com ela. Por exemplo, se o jogo diz "GATO", o aluno deve selecionar "RATO", entre outras opções apresentadas na tela.
- Outra variação pode ser o jogo que apresenta uma palavra e o aluno deve selecionar a letra inicial correta para formar outra palavra.

Por que é bom para os alunos com DI:

- Trabalha a percepção auditiva e a relação entre sons e letras.
- A repetição de rimas ajuda na fixação dos padrões sonoros da língua.
- A lousa digital facilita a interação e o retorno imediato do acerto ou erro, tornando o aprendizado mais acessível e prazeroso.

4 – Jogo de leitura e compreensão de texto

Esse jogo foca na leitura de textos simples e na compreensão do conteúdo. O aluno pode ouvir um texto lido e depois responder a perguntas simples sobre o que aprendeu.

Como funciona:

- O jogo apresenta um texto curto e o aluno deve ouvir ou ler o conteúdo.
- Em seguida são feitas perguntas simples sobre o texto, como "Qual é o nome do personagem?" ou "O que ele fez?". O aluno escolhe a resposta correta entre as opções.

Por que é bom para alunos com DI:

- Trabalha a leitura e a compreensão de textos de forma acessível e adaptada.
- Pode ser feito de forma gradual, com textos e perguntas mais simples, aumentando a complexidade conforme o aluno progride.
- O uso da lousa digital também permite que o aluno repita o jogo várias vezes até entender completamente o conteúdo.

Agora é sua vez!

Proponha jogos educacionais digitais em sala de aula.

a. Use o computador, lousa digital ou tablet.

b. Trabalhe os conteúdos de sala de aula através dos jogos.

c. Se não tiver recursos digitais, crie jogos para os alunos em prancha emborrachada ou prancha plastificada.

d. Avalie quais jogos são mais adequados aos alunos de acordo com a idade e planejamento da sala.

JOGOS E BRINCADEIRAS EM SALA DE AULA

Através dos jogos é possível despertar na criança com DI, assim como em todos os alunos, a motivação, a expressividade, a imaginação, a linguagem comunicativa, a atenção, a concentração, o raciocínio lógico. Por isso, constituem-se como um recurso relevante no processo de alfabetização e letramento.

É também por meio do lúdico e da brincadeira que as crianças, inclusive o aluno com DI, demonstram seus interesses e gostos, desenvolvem suas emoções e sua capacidade de resolução de problemas e desafios. O jogo é coisa séria, não se trata de um simples passatempo, como muitos erroneamente pensam.

Os jogos permitem que as crianças descubram, experimentem e aprendam tanto na escola quanto na vida social, contribuindo para sua formação como cidadãos. Além disso, ajudam no desenvolvimento das interações, do respeito às regras, da afetividade e do raciocínio.

Por exemplo, nos jogos de língua portuguesa, as crianças refletem de forma criativa sobre o uso da língua, o que facilita sua aprendizagem. Como a escrita é uma atividade complexa, os jogos ajudam ao exigir um comportamento ativo, criativo e leve, contribuindo para o desenvolvimento motor necessário à escrita (Magalhães e Junior, 2012).

Os jogos em sala de aula podem ser: jogos de tabuleiros, de montar, quebra-cabeça, revistas para pintar ou ler, caça-palavras etc. Eles auxiliam os alunos principalmente no desenvolvimento do raciocínio, da concentração, da criatividade e da afetividade. Isso é importante especialmente para o aluno com DI, pois os jogos em sala de aula possibilitam a ele a melhora na concentração para as atividades de leitura/escrita, na coordenação motora fina e despertam maior interesse e motivação em realizar as atividades.

Dessa forma, o professor não necessita de jogos muito elaborados, tecnológicos ou caros para que o aluno com DI participe, e nem de espaços específicos. Basta um cantinho acolhedor na sala de aula para que as atividades aconteçam.

Os alunos podem jogar em grupos ou duplas. Se o aluno DI tiver auxiliar em sala, ela irá acompanhar o aluno em sua participação, como observamos na imagem a seguir. O professor deve incluir os momentos de jogos na rotina da sala e em seu planejamento, pois é um recurso valioso para a aprendizagem coletiva e individual.

Figura 24 – Jogos em grupo

Fonte: Arquivo pessoal

Alguns jogos também podem ser criados pelos alunos em folha de sulfite ou cartolina, de acordo com os conteúdos desenvolvidos em sala. O aluno com DI participa desse processo, de acordo com seu ritmo e habilidades, construindo sua aprendizagem juntamente com os colegas.

Depois que os grupos estiverem organizados e os jogos confeccionados, é só jogar. E, como vimos anteriormente, um aluno auxilia o outro. Com essa troca, o aluno com DI participa de todas as atividades em sala de aula, e assim vai interagindo, aprendendo e se divertindo durante seus estudos.

Os jogos também podem ser trazidos pelos alunos, como Uno, dominó, quebra-cabeça, massa de modelar, jogo da memória, lousa mágica, recorte, colagem etc. Em duplas ou grupos, uma vez por semana, o professor pode elaborar esse espaço de jogo e de troca, como se vê na imagem seguir (sala de terceiro ano).

Figura 25 – Jogos diversificados em sala de aula

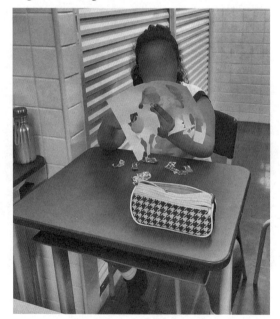

Fonte: Arquivo pessoal

Algumas vezes o aluno com DI poderá não querer jogar com os colegas. Nesse caso, é preciso respeitar seu espaço e deixá-lo escolher um jogo, desenho ou colagem. Nas imagens acima, a aluna com DI preferiu naquele dia desenhar e recortar princesas individualmente, e não jogar com os colegas.

Nas salas de segundo ano, no fundamental I, os alunos ficam mais à vontade, no chão ou cantinho da leitura para jogar. Eles gostam de levar para a escola seus jogos preferidos e fazer seus próprios grupos.

Os alunos trocam de grupos de acordo com suas preferências e todos aprendem com todos, pois jogam em vários grupos, partilhando os saberes. É jogando, partilhando, que os alunos aprendem, principalmente o aluno com DI. O jogo favorece o raciocínio lógico, memória, atenção, criatividades, coordenação motora, regras, limites e afetividade.

Gestão do tempo em sala de aula

Para que os jogos e as atividades aconteçam, a gestão do tempo em sala de aula é importantíssima. O planejamento prévio e o desenvolvimento das atividades em sequências didáticas colaboram bastante para o bom aproveitamento do tempo. É interessante trabalhar de forma contextualizada e numa perspectiva interdisciplinar. Um texto sobre reciclagem de materiais, por exemplo, pode ser utilizado de forma interdisciplinar, dialogando com as disciplinas de Ciências, Língua Portuguesa, Matemática e Artes; o tempo é melhor utilizado e a aprendizagem mais significativa.

Os conhecimentos precisam dialogar, sempre que possível, com as áreas, os componentes curriculares, os conteúdos e as diversas dimensões da vida. O professor deve ter em mente atividades diversificadas e que atendam a todos, sendo necessário preparar a sala com antecedência, criar um ambiente acolhedor e motivador para a alfabetização.

Os passos diários e semanais devem ser cuidadosamente elaborados e, sempre que necessário remanejar ou retomar as sequências de atividades, o professor deve fazê-lo, utilizando estratégias diferenciadas.

A rotina estabelecida entre o professor e alunos também é fundamnetal para que o estudante compreenda o que, como e por que está realizando aquela atividade e quanto tempo será estabelecido para cada tarefa.

Alunos possuem ritmos diferentes, por isso, a mesma sala terá crianças realizando atividades distintas e em tempos distintos. Isso precisa ser observado, respeitado e administrado pelo professor. Por esse motivo, o professor deve diversificar as atividades e os modos de organização através de situações didáticas em grupos, duplas ou de forma individual.

Para organizar o tempo em sala de aula é preciso ter em mente o que queremos naquele momento, quais os objetivo daquela aula. Então, é preciso escolher qual forma de organização utilizar na sua rotina em sala de aula: sequência didática, projeto didático, atividades permanentes, jogos etc.

Essa organização irá ajudar o professor a estabelecer os passos e tempos necessários para as atividades estabelecidas diária e semanalmente. Criar um relatório (semanário) ou quadro de atividades semanais determinando as estratégias utilizadas facilita muito a distribuir e utilizar o tempo em sala de aula e dá uma dimensão sobre o que já foi estudado, o que precisa ser retomado e o que já foi compreendido pelos alunos.

Por isso, duplas e grupos são sempre oportunos, principalmente em salas de alfabetização numerosas, com 30 alunos ou mais, pois administrar 15 duplas ou 6 grupos facilita as intervenções, as mediações do professor e o trabalho colaborativo, além da aula se tornar mais dinâmica e motivadora.

PARA COLOCAR EM PRÁTICA 2

A interação em sala de aula

O processo educativo pode ser caracterizado como essencialmente social, ou seja, é através das relações sociais e das relações com os outros que a criança se apropria das práticas culturais da sociedade em que está inserida (Vygotsky apud Coll e Colomina, 1996).

E também, de acordo com a experiência vivida pelo indivíduo com o outro, um sentido afetivo é conferido ao objeto de conhecimento. Por isso, além das emoções de ordem positiva, as negativas (medo, vergonha etc.) também produzem seus efeitos no processo educativo. Por esse motivo, para que a criança possa criar, pensar, questionar, debater, romper padrões, ela necessita construir relações interpessoais positivas.

Desse modo, a sala de aula deve ser um ambiente acolhedor, de respeito e diálogo entre todos os participantes. Os combinados, as rodas de conversa, as regras de convivência, o respeito às diferenças devem ficar claros desde o início do ano.

Percebendo que os indivíduos participantes do ambiente escolar são compreensivos, democráticos e dedicados, o aluno se sente acolhido, o que possibilita o sucesso dos seus objetivos educativos. Por isso, a criança precisa se sentir aceita, acolhida e segura para que as experiências possam ter um significado afetivo positivo para ela.

É por meio das emoções que o aluno exterioriza seus desejos e suas vontades (Wallon apud Mahoney e Almeida, 2005). Dessa forma, o professor precisa demonstrar carinho, estar atento aos seus alunos, às suas singularidades, mostrando-se acessível, dando condições para que eles se sintam seguros, respeitados ao se expressarem. É relevante que o professor saiba ouvir o que o aluno tem a dizer, motivando e valorizando seus aspectos positivos, ao mesmo tempo fazendo com que ele possa refletir para superar seus aspectos negativos.

É preciso que o aluno realize atividades individualizadas, personalizadas, de acordo com as suas necessidades, que participe de todas as atividades coletivas que quiser, em duplas, grupos, como os jogos e brincadeiras. É importante que o aluno não fique no fundo da sala, mas sim próximo ao professor, à frente, para que sua interação seja mais ativa, para que tenha mais concentração e participe se expressando, comunicando seus desejos, medos e conquistas.

Não existe um professor ideal ou métodos de ensino como receitas prontas, que facilitam o processo de ensino-aprendizagem (Coll e Solé, 1996). No cotidiano em sala de aula, as crianças precisam se sentir igualmente aceitas, amadas e respeitadas, não devendo haver comparações; ao contrário, deve haver a promoção de um ambiente cooperativo.

Agora é sua vez!

Proponha jogos na rotina semanal dos alunos em sala de aula de acordo com um planejamento criterioso e metas claras de aprendizagem.

a. Podem ser jogos educacionais digitais;
b. Jogos de tabuleiros e confeccionados pelos alunos;
c. Desafios matemáticos;
d. Jogos que auxiliam na alfabetização e no letramento do aluno;
e. Jogos e brincadeiras de movimento, imitação ou jogos com regras.

PARA COLOCAR EM PRÁTICA 3: LEITURA E ESCRITA

A seguir apresentarei algumas práticas desenvolvidas em sala de aula de leitura e escrita que favorecem muito o desenvolvimento da aprendizagem de todos os alunos, em especial do aluno com deficiência intelectual.

PRODUÇÃO DE TEXTO UTILIZANDO A LOUSA DIGITAL

É possível desenvolver habilidades e competências de leitura e escrita do aluno com DI utilizando como recurso a lousa digital e/ou computador em sala de alfabetização, como apresentado anteriormente. Contudo, para elaborar atividades em sala de alfabetização é preciso estabelecer de modo bem claro os objetivos que se pretende alcançar em relação à leitura e escrita, como também garantir a compreensão do texto e o desenvolvimento da oralidade.

O gênero "conto" foi escolhido para realizar uma atividade usando a lousa digital. Para isso, foi selecionado o conto "Aladown e a lâmpada maravilhosa", de Cristiano Refosco, para a realização da leitura deleite.

Durante a semana, foi explorada a oralidade dos alunos sobre o texto ouvido e proposta uma reflexão sobre o conteúdo do conto, a capa do livro, o autor, as ilustrações, as características do gênero etc. Também foi utilizado o audiolivro do mesmo autor e uma atividade de texto lacunado, dando oportunidade para a participação de todos os alunos da sala.

Os alunos foram chamados à lousa digital para completar o texto lacunado utilizando o banco de palavras, uma vez que o texto impresso e o audiolivro já haviam sido trabalhados. Um banco de palavras é uma coleção de palavras ou expressões que podem ser usadas para completar um texto ou preencher lacunas em atividades; ele é frequentemente usado em exercícios educativos, em que os alunos devem escolher as palavras corretas para completar frases ou parágrafos, ajudando a desenvolver o vocabulário e a compreensão do texto, sendo um recurso útil para enriquecer a escrita e a comunicação. Portanto, o uso dos dois recursos facilitou a compreensão do texto e ajudou os alunos a entenderem qual palavra completava o texto.

Através das orientações do professor, foi revisada a parte da história que estava sendo trabalhada, e, com a leitura em voz alta para toda sala, foi possível ajudar o aluno chamado à lousa a encontrar o local correto da palavra a ser escrita e o seu significado no texto.

Por fim, foi proposta a reescrita (o reconto) em duplas, para a troca de saberes. O aluno com DI e os alunos com dificuldades de aprendizagem tiveram o texto lacunado impresso como apoio à escrita. Os demais alunos realizaram no caderno a reescrita do conto.

Todos participaram das atividades de uma forma prazerosa, e foi dado ao aluno com DI e alunos com dificuldades um olhar "personalizado", de acordo com seu ritmo, desenvolvendo as habilidades de leitura e escrita.

A estratégia diferenciada, ou seja, o uso da lousa digital como instrumento de aprendizagem para o aluno com DI, atingiu as metas propostas quanto ao estímulo e desenvolvimento da leitura e escrita e de valores, além de envolver todos os alunos em um pensar coletivo, pois foi garantida a participação de todos independentemente de suas dificuldades.

HORA DA LEITURA

Assim como os jogos devem estar na rotina semanal da sala, a hora da leitura também deve ser inserida na rotina diária. O professor pode propor a leitura sempre que o aluno terminar suas atividades do dia ou até mesmo no início da aula, estimulando a leitura do livro físico e também digital. O cantinho da leitura em salas de alfabetização funciona muito bem, colaborando para a melhoria da escrita e da leitura dos alunos.

Figura 26 – Cantinho da leitura

Fonte: Arquivo pessoal

É nesse momento que os alunos trocam informações, livros diversos que podem ser trazidos de casa, além de ficarem relaxados, livres para escolherem a leitura que mais lhes agrada. O professor pode abrir os trabalhos do dia com uma leitura deleite.

Para o aluno com DI é muito importante esse momento de descontração e leitura, que é também um momento de socialização e troca.

A visita à biblioteca da escola favorece para o estímulo do gosto pela leitura e melhora da escrita. Uma vez por semana é apropriado que o professor leve os alunos a esse espaço para que escolham a leitura de que mais gostam. Os alunos têm a possibilidade de levar os livros para casa e fazer a leitura com os familiares.

Atividades como essas devem fazer parte do planejamento semanal do professor (semanário), somadas à contação de história, que pode ser realizada nesses momentos reservados à leitura, principalmente na biblioteca.

E é durante essas atividades que o professor vai apresentando aos alunos os diversos gêneros de textos, atingindo assim as metas de aprendizagem dos alunos.

O planejamento das práticas do professor depende da clareza das metas que ele quer atingir, ou seja, das habilidades e dos conhecimentos que almeja desenvolver nos alunos (Soares, 2022). Esse planejamento da ação pedagógica não pode ser improvisado, ele deve dar continuidade no desenvolvimento que está em andamento. É preciso observar o que os alunos já alcançaram, os caminhos que percorreram e o que ainda precisam avançar em seus conhecimentos.

Figura 27 – Visita à biblioteca

Fonte: Arquivo pessoal

Já os livros digitais podem ser explorados no computador ou na lousa digital, na escola ou no ambiente familiar, nas plataformas de leitura gratuitas ou de acesso da escola. Um exemplo de plataforma de leitura é o *Elefante Letrado*, que algumas prefeituras estão adotando para melhorar a fluência leitora dos alunos.

REGISTRO DAS ATIVIDADES
PELO ALUNO COM DEFICIÊNCIA INTELECTUAL

Os alunos com deficiência intelectual podem ter muita dificuldade em registrar as atividades no caderno. Por isso, o professor deve utilizar primeiramente as pranchas plastificadas e emborrachadas, a lousa digital e só posteriormente o papel impresso, e daí introduzir as atividades escritas no caderno. A partir de textos lidos, dramatizados, escutados, o aluno pode realizar a escrita de palavras-chave, frases e textos, como vimos anteriormente.

Apresentarei como exemplos atividades progressivas realizadas com alunos com DI. No primeiro caso, foi trabalhado o poema "A foca", de Vinicius de Moraes, em uma sala de segundo ano. O aluno com DI realizou inicialmente suas atividades em prancha emborrachada e, posteriormente, registrou no caderno com o apoio da prancha. Ele fez também atividades em lousa digital juntamente com os demais em outro momento da semana.

Figura 28 – Atividade em lousa digital

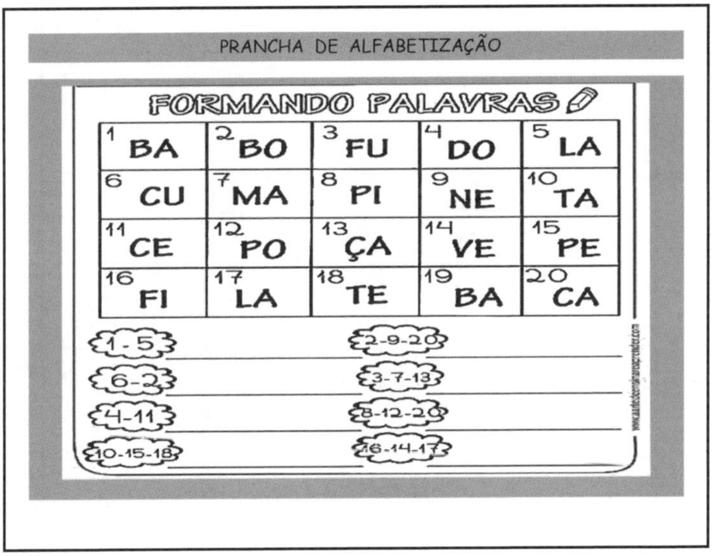

PRANCHA DE ALFABETIZAÇÃO

FORMANDO PALAVRAS

1 BA	2 BO	3 FU	4 DO	5 LA
6 CU	7 MA	8 PI	9 NE	10 TA
11 CE	12 PO	13 ÇA	14 VE	15 PE
16 FI	17 LA	18 TE	19 BA	20 CA

1-5 _____   2-9-20 _____
6-2 _____   3-7-13 _____
4-11 _____   8-12-20 _____
10-15-18 _____   6-14-17 _____

Fonte: Arquivo pessoal

Outro exemplo refere-se a uma sala de terceiro ano, com uma aluna com DI, em que foram trabalhadas as parlendas e atividades em prancha plastificada, como descrito anteriormente.

Após avaliação diagnóstica, no início de 2024, foi observado que a aluna chegou ao terceiro ano com hipótese de escrita alfabética (em palavras compostas por síbalas simples – apenas consoante e vogal), não realizando frases nem textos. Ela tinha dificuldade de concentração e de permanecer em sala de aula; realizava cálculos de adição e subtração simples – até o número 10.

A aluna foi evoluindo gradativamente com as atividades de alfabetização e letramento.

Figura 29 – Folha impressa a partir da lousa digital – gráfico/tabela

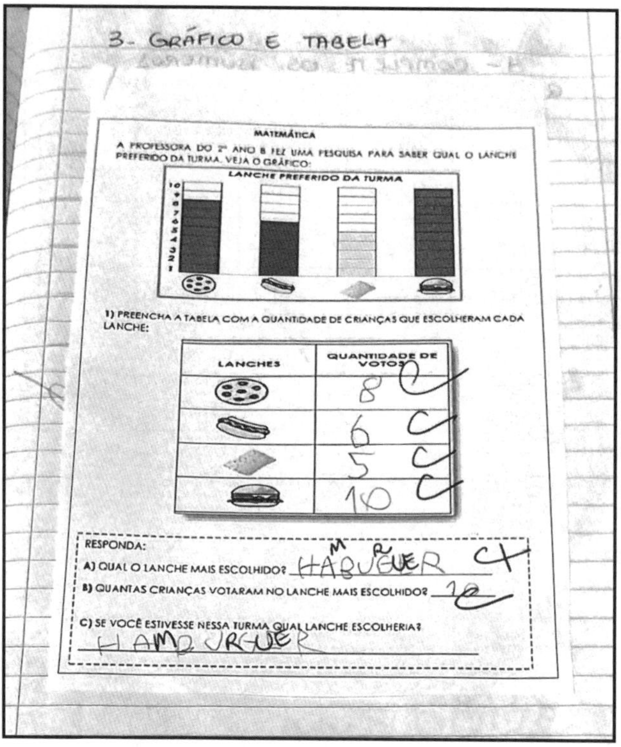

Fonte: Arquivo pessoal

As atividades eram trabalhadas primeiro nas pranchas plastificadas, com a caneta para quadro branco, para que a aluna pudesse apagar e refazer quantas vezes fosse preciso, e também em lousa digital. Posteriormente, a atividade era impressa em folha de sulfite (bem colorida) para a aluna realizá-la. Quando já dominava o conteúdo, ela realizava o registro com autonomia no caderno.

Em setembro, já estava acompanhando os conteúdos da sala e realizando as atividades com autonomia, mas necessitava de algumas adaptações no caderno e auxílio na escrita de textos.

Para alcançar tais resultados, foi dado continuidade ao processo de aprendizagem da aluna no terceiro ano, com as atividades de alfabetização e letramento, pois segundo relatório do professor do ano anterior, a aluna pouco registrava, tinha dificuldade de se concentrar e ficar em sala de aula, não realizando leitura com autonomia.

As pranchas e demais atividades realizadas em sala de aula foram importantes nesse processo, e gradativamente a aluna foi ganhando autonomia e construindo sua aprendizagem. A aluna também possuía uma auxiliar que a acompanhava nas atividades, as quais eram planejadas e orientadas pelo professor.

No final de outubro, a aluna realizou as revisões para as avaliações trimestrais com autonomia, tendo necessitado de auxílio somente na escrita do texto, a carta para o Papai Noel. Realizava adições e subtrações simples (com unidade de milhar), as divisões e multiplicações de modo não convencional (com imagens) e também realizava situações-problema, gráficos e tabelas (com auxílio).

Não podemos esquecer que cada aluno é único e aprende de acordo com sua singularidade, então, devemos respeitar as individualidades e observar como ele se desenvolve, suas preferências, seus jogos e atividades favoritas, suas dificuldades e habilidades, e ir construindo junto com o aluno uma aprendizagem personalizada.

Não há receitas prontas, mas há caminhos possíveis que foram aqui apontados, relacionando a teoria à prática. Dessa forma, cada professor pode e deve criar o seu próprio percurso, de acordo com a sua realidade e o seu contexto.

Agora é sua vez!

Estimule a leitura e a escrita em sala de aula:

a. Use todos os recursos disponíveis e estratégias variadas.

b. Promova atividades individualizadas e coletivas.

c. Para o aluno não verbal, utilize imagens, colagens, músicas, dramatizações, pinturas, jogos etc.

d. Retome as atividades sempre que necessário.

e. As atividades de leitura e escrita devem ser agradáveis, criativas, de acordo com o ritmo de aprendizagem da sala e de cada aluno de inclusão.

Considerações finais

Sabemos que é na relação de troca que se viabiliza dialogicamente a aprendizagem e o desenvolvimento da pessoa, tendo em vista que o processo de desenvolvimento da criança, em suas múltiplas dimensões, ocorre fundamentalmente a partir de sua inserção no contexto sociocultural.

O desenvolvimento da criança com deficiência, mesmo com ritmos e formas de aprendizagem específicas, assemelha-se ao das demais e, consequentemente, é na troca, na parceria, na relação com o outro que o conhecimento se realiza.

É numa perspectiva "não excludente" que o letramento e os multiletramentos são importantíssimos para o professor alfabetizador ressignificar suas práticas, sair do lugar-comum, articulando os letramentos que acontecem no ambiente escolar com aqueles relacionados à vida, nas múltiplas linguagens e múltiplas culturas, efetivando assim uma aprendizagem significativa, que inclua a todos.

As condições de que dispomos hoje para transformar a escola nos autorizam a propor uma escola única e para todos, em que a cooperação substituirá a competição, pois o que se pretende é que as diferenças se articulem e se componham e que os talentos de cada um sobressaiam-se (Mantoan, 2003).

O trabalho do professor, então, deve ser sustentado por práticas que favoreçam essa aprendizagem desconstruída, adequada às diferenças, na qual todos são convocados a participarem como indivíduos singulares, com seus afetos e valores, num ambiente de troca onde todos aprendem com todos e são importantes nesse processo. "As ferramentas estão aí para que as mudanças aconteçam e para que reinventemos a escola, 'desconstruindo' a máquina obsoleta que a dinamiza, os conceitos sobre os quais ela se fundamenta, os pilares teórico-metodológicos em que ela se sustenta" (Mantoan, 2003).

A inclusão é fator crucial para uma sociedade mais justa e igualitária, e ela, consequentemente, provoca uma atualização da educação, o aprimoramento das práticas docentes e a modernização e reestruturação das condições atuais das escolas.

Mesmo com o avanço legal relacionado aos direitos sociais e educacionais, tais instrumentos não se têm traduzido na prática para os que necessitam, gerando um descompasso entre o avanço das legislações desde a sua institucionalização e o seu cumprimento e alcance.

Para que haja mudanças, há necessidade de formação, de mediação propositiva e de acompanhamento frente à aprendizagem dos alunos. Essa mudança exige compreensão e avaliação da situação de cada aluno com deficiência.

Dessa forma, o professor precisa mobilizar os seus conhecimentos para agir, planejar, elaborar atividades que contribuam para a aprendizagem do aluno e receber apoio, orientações, estrutura, recursos para realizar seu trabalho.

Muito ainda temos que fazer para a efetivação de uma escola realmente inclusiva, mas há possibilidades de êxito se começarmos já essa desconstrução, experimentando, propondo e tomando como medida a nossa própria realidade cotidiana. Não há fórmulas mágicas, mas existem caminhos para serem compartilhados em busca de uma educação inclusiva.

Minha trajetória

Comecei a dar aula em 1995 como professora de informática em uma escola particular de educação infantil em Praia Grande (SP), município onde moro. Apaixonei-me pelo ambiente escolar, pelos alunos, então realizei o curso de Magistério para me aperfeiçoar como profissional, concluído em 1997.

Em 1999, iniciei como professora de educação infantil de escola municipal também em Praia Grande, onde fiquei até 2001. Como queria trabalhar com os alunos mais velhos e alfabetizar, fui fazer o curso de Pedagogia.

Então, desde 2002 estou em salas de alfabetização no ensino fundamental I, em uma escola municipal, com crianças de 7 e 8 anos.

A vontade de entender as diferentes maneiras como as crianças aprendem me levou ao Mestrado em Educação, concluído em 2022.

Foi investigando, convivendo e buscando aprender como se dá o processo de alfabetização dos alunos que me tornei professora alfabetizadora. Desde o início tive alunos com deficiência em minhas turmas, o que me fez buscar mais capacitação. Dessa forma, fui criando estratégias para conseguir alfabetizar com mais sucesso todos meus alunos.

Atualmente, leciono em sala de terceiro ano do ensino fundamental, em escola municipal em Praia Grande.

Referências

AMERICAN ASSOCIATION ON INTELLECTUAL AND DEVELOPMENTAL DISABILITIES – AAIDD. *Intellectual Disability*: Definition, Classification, and Systems of Supports. 12. ed. Washington: AAIDD, 2021.

AMERICAN ASSOCIATION ON MENTAL RETARDATION. *Retardo Mental. Definição, classificação e sistemas de apoio*. 2006. Visão Geral e Desenvolvimento, pp. 17-48.

ASSOCIAÇÃO AMERICANA DE PSICOLOGIA. *Manual diagnóstico e estatístico de transtornos mentais – DSM5*. Porto Alegre: Artmed, 2014.

BAYNHAM, M.; PRINSLOO, M. Introduction: The Future of Literacy Studies. In: BAYNHAM, M.; PRINSLOO, M. (orgs.). *The Future of Literacy Studies*. Londres: Palgrave, 2009.

BEHRENS, M. A. *O paradigma emergente e a prática pedagógica*. 5. ed. Petrópolis: Vozes, 2011.

BORDENAVE, J. D.; PEREIRA, A. M. *Estratégias de ensino-aprendizagem*. Petrópolis: Vozes, 2002.

BORUCHOVITCH, E.; SANTOS, A. A. A. Estratégias de aprendizagem: conceituação e avaliação**.** In: NORONHA, A. P. P.; SISTO, F. F. (orgs.). *Facetas do fazer em avaliação psicológica*. São Paulo: Vetor, 2006, pp. 10-20.

BRASIL. Ministério da Educação. *Política Nacional de Educação Especial na Perspectiva da Educação Inclusiva*. Brasília: MEC/SEESP, 2008.

_____. Ministério da Educação. Resolução n. 4, de 2 de outubro de 2009. Diretrizes Operacionais para o Atendimento Educacional Especializado na Educação Básica, modalidade Educação Especial. Brasília, 2009. Disponível em: <http://portal.mec.gov.br/index.php?option=com_content&view=article&id=16761&Itemid=1 123>. Acesso em: 20 set. 2021.

_____. Ministério da Educação. *Pacto nacional pela alfabetização na idade certa*: currículo no ciclo de alfabetização: perspectiva para uma educação do campo: educação do campo: unidade 01. Brasília: MEC/SEB, 2012.

_____. Lei n. 13.146, de 6 de jul. de 2015. Lei Brasileira de Inclusão da Pessoa com Deficiência, 2015. Disponível em: <http://www.planalto.gov.br/ccivil_03/_Ato 2015-2018/2015/Lei/L13146.htm>. Acesso em: 25 out. 2022.

BUARQUE, Chico. *Chapeuzinho Amarelo*. Ilustrações de Ziraldo. Belo Horizonte: Yellowfante, 2019.

_____. Ministério da Educação. *Base Nacional Comum Curricular*. Brasília, 2018.

BUZATO, Marcelo El Khouri. Letramentos digitais e formação de professores. In: *III Congresso Ibero-Americano EducaRede*, 3. São Paulo, 2006.

BZUNECK, J. A. Como motivar os alunos: sugestões práticas. In: BORUCHOVITCH, E.; BZUNECK, J. A.; GUIMARÃES, S. E. R. (orgs.). *Motivação para aprender*. Petrópolis: Vozes, 2010.

CARVALHO, Rosita Edler. *Educação inclusiva*: com os pingos nos "is". Porto Alegre: Mediação, 2005.

COLL, C.; COLOMINA, R. Interação entre alunos e aprendizagem escolar. In: COLL, C., PALACIOS, J.; MARCHESI, A. (orgs.). *Desenvolvimento psicológico e educação*: psicologia da educação. Porto Alegre: Artes Médicas, 1996.

COLL, C.; SOLÉ, I. A Interação professor–aluno no processo de ensino e aprendizagem. In: COLL, C., PALACIOS, J.; MARCHESI, A. (orgs.). *Desenvolvimento psicológico e educação*: psicologia da educação. Porto Alegre: Artes Médicas, 1996.

CORAZZA. Sandra Mara. "Nos tempos da educação: cenas de uma vida de professora". *Revista da Abem*. v. 13, n. 12, 2005. Disponível em: <http://www.abemeducacaomusical.com.br/revistas/revistaabem/index.php/revistaabem/article/view/329>. Acesso em: nov. 2021.

DECLARAÇÃO DE GUATEMALA. Convenção interamericana para a eliminação de todas as formas de discriminação contra as pessoas portadoras de deficiência. Aprovado pelo Conselho Permanente da OEA, na sessão realizada em 26 de maio de 1999. (Promulgada no Brasil pelo Decreto nº 3.956, de 8 de outubro de 2001).

DEMBO, M. H. *Applying Educational Psychology*. Nova York: Longman Publishing Group, 1994.

FARDO, M. L. A *Gamificação como método*: estudo de elementos dos games aplicados em Processos de ensino e aprendizagem. Caxias do Sul, 2013. Dissertação (Mestrado em Educação) – Universidade de Caxias do Sul.

FERREIRO, E. *Reflexões sobre alfabetização*. 26 ed. São Paulo: Cortez, 2011.

FERREIRO, Emília; TEBEROSKY, Ana. *Psicogênese da língua escrita*. Porto Alegre: Artes Médicas, 1984.

FIGUEIREDO, R. V. de; POULIN, J. R. Aspectos funcionais do desenvolvimento cognitivo de crianças com deficiência mental e metodologia de pesquisa. In: VIEIRA CRUZ, S. H. (org.) *A criança fala*. São Paulo: Cortez, 2008.

FRANCO, M. A. R. S. *Pedagogia e prática docente* 2. ed. São Paulo: Cortez, 2012.

FREIRE, Paulo. *Educação como prática da liberdade*. Rio de Janeiro: Paz e Terra, 1999.

GARDNER, Howard. *Inteligências múltiplas:* a teoria na prática. Porto Alegre: Artes Médicas, 1995.

_____; ALEXANDER, P. A. "Metacognition: Answered and Unanswered Questions". *Educational Psychologist*. v. 24, n. 2, 1989.

GEE, J. P. *Social Linguistics and Literacies*: Ideologies in Discourses. 3. ed. Londres: Routledge, 2008.

GOULART, Cecília. "Letramento e modos de ser letrado: discutindo a base teórico-metodológica de um estudo". *Revista Brasileira de Educação*. v. 11, n. 33, set./dez. 2006.

GRUPO DE NOVA LONDRES. A Pedagogy of Multiliteracies: Designing Social Futures.

REFERÊNCIAS

In: COPE, B.; KALANTZIS, M. (orgs.). *Multiliteracies: Literacy Learning and the Design of Social Futures*. Londres: Routledge/Psychology Press, 2000.

KAPP, K. M. *The Gamification of Learning and Instruction*: Game-Based Methods and Strategies for Training and Education. São Francisco: Pfeiffer, 2012.

KATO. M. *No mundo da escrita*: uma perspectiva psicolinguística. São Paulo: Ática, 1986.

KLEIMAN, A. B. *Preciso "ensinar" letramento? Não basta ensinar ler e escrever?* Campinas: Cefiel, 2005.

_____. Modelos de letramento e as práticas de alfabetização na escola. In: KLEIMAN, A. (org.). *Os significados do letramento*: uma nova perspectiva sobre a prática social da escrita. Campinas: Mercado de Letras, 1995.

KISHIMOTO, Tizuko Morchida. *Jogo, brinquedo, brincadeira e a educação*. 8. ed. São Paulo: Cortez, 2005.

_____. *O brincar e suas teorias*. São Paulo: Cengage Learning, 2012.

LARSON, J.; MARSH, J. *Making Literacy Real*: Theories and Practices for Learning and Teaching. Londres: Sage Publication, 2005.

LUCKESI, Cipriano Carlos. *Avaliação da aprendizagem escolar:* estudos e proposições. 22. ed. São Paulo: Cortez, 2011.

MAGALHÃES, Adriana F. S.; JUNIOR, Cícero Francisco A. *Ludicidade na aquisição da leitura e escrita:* experiências e vivências nas séries iniciais do Ensino Fundamental. Campina Grande: Realize, 2012.

MAHONEY, A. A.; ALMEIDA, L. R. de. "Afetividade e processo ensino-aprendizagem: contribuições de Henri Wallon". *Psicologia da Educação*. São Paulo, n. 20, 1. sem., 2005, pp. 11-30.

MANTOAN, M. T. E. *Inclusão escolar:* o que é, por que, como fazer. São Paulo: Summus, 2015.

_____. "Ensinando a turma toda: as diferenças na escola". *Pátio Revista Pedagógica*. ano V, n. 20, fev/abr. 2003.

MRECH, Leni Magalhães. Educação inclusiva: realidade ou utopia? Disponível em: <http://www.educacaoonline.pro.br>. Acesso em: 1 maio 2024.

MOREIRA. Antônio Flavio; CANDAU, Vera Maria. *Currículos, disciplinas escolares e culturas*. Petrópolis: Vozes, 2014

MORTATTI, M. R. L. *Os sentidos da alfabetização*. São Paulo: Unesp, 2000.

MOURA, E. V. X. *Influência da abordagem e nível de proficiência no uso de estratégias por alunos bem e mal-sucedidos*. Assis, 1992. Dissertação (Mestrado em Educação) – Universidade Estadual Paulista.

MUKHINA, Valéria. *Psicologia da idade escolar*. São Paulo: Martins Fontes, 1995.

OLSON, David; ASTINGTON, Janet Wilde. "Talking about Text: How Literacy Contributes to Thought". *Journal of Pragmatics*. North Holland/Amsterdã, v. 14, n. 5, 1990, pp. 705-721.

ORGANIZAÇÃO MUNDIAL DA SAÚDE. *Classificação estatística internacional de doenças e problemas relacionados à saúde*: CID-10. Décima revisão. Trad. do Centro Colaborador da OMS para a Classificação de Doenças em Português. 3 ed. São Paulo: Edusp, 1996.

PINTO, A. V. *O conceito de tecnologia.* Rio de Janeiro: Contraponto, 2005.

PRESTES, Zoia. *Quando não é quase a mesma coisa*: traduções de Lev Semionovitch Vigotski no Brasil. Campinas: Autores Associados, 2012.

COMO ALFABETIZAR E LETRAR O DEFICIENTE INTELECTUAL

ROJO, Roxane. *Letramentos múltiplos, escola e inclusão social.* São Paulo: Parábola, 2009.

_____; MOURA, Eduardo. *Multiletramentos na escola.* São Paulo: Parábola, 2012.

SACRISTÁN, José Gimeno. *Poderes instáveis em educação.* Porto Alegre: Artmed, 1999.

_____. *Saberes e incertezas sobre currículo.* Porto Alegre: Penso, 2013.

SILVA. Tomaz Tadeu da. *Documentos de identidade*: uma introdução às teorias do currículo. 2ª ed., 9ª reimp. Belo Horizonte: Autêntica, 2005.

_____. *O currículo como fetiche.* Belo Horizonte: Autêntica, 1999.

SILVA, José Nunes da et al. Diferentes realidades, diferentes modos de organização: o planejamento escolar. In: BRASIL. Ministério da Educação. *Pacto nacional pela alfabetização na idade certa.* Currículo no ciclo de alfabetização: consolidação e monitoramento do processo de ensino e de aprendizagem, ano 2, unidade 2. Brasília, 2012.

SOARES, Magda. As condições sociais da leitura: uma reflexão em contraponto. In: ZILBERMAN, R.; SILVA, E. T. *Perspectivas interdisciplinares.* São Paulo: Ática, 1988.

_____. "Letrar é mais que alfabetizar". *Jornal do Brasil,* out. 2000.

_____. "Novas práticas de leitura e escrita: letramento na cibercultura". *Educação e Sociedade.* Campinas: Cedes, v. 23, n. 81, 2002, pp. 143-160.

_____. *Letramento*: um tema em três gêneros. Belo Horizonte: Autêntica, 2003.

_____. "Letramento e alfabetização: as muitas facetas". *Revista Brasileira de Educação.* n.25, jan.-abr./2004.

_____. *Alfaletrar*: toda criança pode aprender a ler e a escrever. 5. reimp. São Paulo: Contexto, 2022.

TARDIF, M. *Saberes docentes e formação profissional.* 12. ed. Petrópolis: Vozes, 2011.

TARSO, Roger; MORAIS, Daniela Vilela de. Rotas alternativas de aprendizagem: uma ferramenta para o ensino instrumental. In: *Actas del X Encuentro de Ciencias Cognitivas de la Música,* 2011.

TFOUNI, Leda Verdiani. *Adultos não alfabetizados*: o avesso do avesso. Campinas: Pontes, 1988.

_____. *Letramento e alfabetização.* São Paulo: Cortez, 1996. (Coleção Questões da Nossa Época, v. 47).

VYGOTSKY, L. S. *Fundamentos de defectologia.* Madri: Rógar, 1983.

VYGOTSKY, L. S. *Historia del desarrollo de las funciones psicológicas superiores.* La Havana: Científico-técnica, 1987.

_____. *A construção do pensamento e da linguagem.* São Paulo: Martins Fontes, 2001.

ZABALA, Antoni; ARNAU, Laia. *Como aprender e ensinar competências.* Trad. Carlos Henrique Lucas Lima. Porto Alegre: Artmed, 2010.

CADASTRE-SE
EM NOSSO SITE,
FIQUE POR DENTRO DAS NOVIDADES
E APROVEITE OS MELHORES DESCONTOS

LIVROS NAS ÁREAS DE:

História | Língua Portuguesa
Educação | Geografia | Comunicação
Relações Internacionais | Ciências Sociais
Formação de professor | Interesse geral

ou
editoracontexto.com.br/newscontexto

Siga a Contexto
nas Redes Sociais:
@editoracontexto

GRÁFICA PAYM
Tel. [11] 4392-3344
paym@graficapaym.com.br